T0271324

رفيقك في تعلم

اللغة الانجليزية

Your companion in learning

English language

رفيقك في تعلم

اللغة الإنجليزية

Your companion in learning
English language

الأستاذ

أحمد إسماعيل الجغيمي

الطبعة الأولى

2011م-1432هـ

مركز الكتاب الأكاديمي

ACADEMIC BOOK CENTER

المملكة الأردنية الهاشمية
رقم الإيداع لدى دائرة
المكتبة الوطنية
2009/2/676

420

الجغيمي، أحمد إسماعيل

رفيقك في تعلم اللغة الإنجليزية =

/Your Companion in Learning English Language

أحمد إسماعيل الجغيمي.-عمان: مركز الكتاب الأكاديمي، 2009

( )ص.

ر.أ. 2009/2/676

الواصفات: اللغة الإنجليزية/تعلم اللغة/طرائق التدريس/

الأستاذ أحمد إسماعيل الجغيمي:

موبايل: 0788855422 البريد الإلكتروني: joghaime.ahmad@gmail.com

Copyright ©

مــركـز الـكـتـاب الأكـاديـمـي

ان- شارع الملك حسين- مجمع الفحيص التجاري

ص.ب: 1061الرمز البريدي11732- تلفاكس:962-6-4619511+

E-mail: a.b.center@hotmail.com

Abc.safi@yahoo.com

الإهداء

اهدي هذا الكتاب

لوالدي

ووالدتي حفظهما اللـه

وزوجتي ورفيقة دربي

وأولادي ليندا وإسماعيل

المحتويات
Contents

مقدمة

يعتبر هذا الكتاب دورة دراسية مميزة لكل من لديه إلمام بسيط في اللغة الإنجليزية ويسعى لتطوير نفسه فيها، سواء أكان طالبا أو موظفا أو لديه اهتمام بالمراسلات والتجارة الخارجية، كما أنه مفيد جدا لطلاب تخصص اللغة الإنجليزية و معلميها بحيث يكون بمثابة الصديق والرفيق الذي يعينك على التغلب على المصاعب في هذه اللغة بأسلوبه السهل وطريقته الممتعة الميسرة التي تخلو من الصعوبة أو التعقيد وقتما احتجت إليه.

المؤلف

أقسام الكلام
Parts of Speech

يوجد ثمانية أقسام للكلام في اللغة الإنجليزية:

١- الاسم Noun (N.)

أنواع الاسم

يوجد أربعة أنواع للاسم في اللغة الإنجليزية.

1) Proper Noun   اسم العلم

هو اسم شخص أو مكان أو شيء معين، أمثلة:

Abdullah / Mohammad /Amman/the Nile / Saturday / June / Arabic

2) Common Noun   اسم عام/اسم نكرة

وهو اسم للتصنيف أو النوع بشكل عام، أمثلة:

pen/ boy/ car/ cat/ tree/ city/room

أعطني قلم حبر (لم يحدد نوع معين) .Give me a pen

السيارات أسرع من الدراجات .Cars are faster than bikes

3) Collective Noun   اسم الجمع

و هو اسم مفرد يدل على الجمع، أمثلة:

class صف ، group مجموعة ، team فريق، army جيش، crowd جمهور ، flock سرب، audience،

،طاقم crew ، قطيع herd ، طقم set ، مجموعة/حزمة/ رزمة pack حضور/جمهور المستمعون،

committee لجنة،clergy رجال الدين

ملاحظات:

يأخذ اسم الجمع فعلا مفردا عندما يشير إلى المجموعة بشكل كامل، مثال:

The family was united on this question. كانت العائلة موحدة في هذا المطلب يأخذ اسم الجمع فعلا جمع عندما يشير إلى أعضاء أو أفراد المجموعة كأفراد، مثال:

My family are always fighting among themselves.

4) Abstract Noun أسم معنوني

وهو اسم يشير إلى شيء معنوي غير ملموس، أمثلة:

honor شرف / feeling شعور / courage شجاعة / happiness سعادة / love حب

Questions أسئلة

1.The farmer took his ______ of sheep to the field حقل to eat. (pack كومة، حزمة/ crowd جمهور، حشد/ herd قطيع، سرب)

2. For their party I gave them a _______ of flowers . (pack/ crowd/ herd/ bunch باقة)

Answers الإجابات

1. herd 2. bunch

استعمالات الاسم:

١-فاعل (subject)

مثال:

Ali bought a good car.

(Subject فاعل)

٢-مفعول به (object)

She <u>plays</u> <u>tennis</u> daily.

(فعل متعد) (object مفعول به)

ملاحظات:

١) يأتي الاسم مفعولا به بعد <u>الفعل المتعدي</u> و بعد <u>حروف الجر</u>.

a. I have something *of* <u>importance</u> to say. لدي شيء مهم لأقوله

(حرف جر) (مفعول به)

b. She <u>shows</u> <u>interest</u> in reading novels. إنها تظهر اهتماما في قراءة الروايات

(فعل متعد) (مفعول به)

٢) نستعمل الاسم بعد الصفات.

1) She gave her mother a <u>beautiful</u> <u>picture</u>. لقد أعطت أمها صورة جميلة.

(adj. صفة) (N. اسم)

أمثلة:

2) Linda is a <u>clever (adj.)</u> *girl* (n.).

3) The computer is a <u>wonderful</u> (*adj.*) *invention* (n.).

٤) نستعمل الاسم بعد (*'s*) الملكية و صفات الملكية مثل: their, our, its, her, his, your, my

أمثلة:

He was amazed at *her* <u>beauty</u>. كان مندهشا بجمالها

The prisoner'*s* <u>innocence</u> has been proved. لقد أثبتت براءة السجين.

٥) نستعمل الاسم بعد المحددات:

* المحددات مشروحة بالتفصيل في درس لاحق

1. a 2. an 3.the 4. this 5. some 6. much 7.no 8.any

أمثلة:

a book, an apple, the sky, the boys, some oranges, much money, no body, any dish.

٦) نستعمل اسم جمع بعد الكلمات التالية:

These للجمع القريب, those للجمع البعيد, several عديد, a lot of الكثير من, a fewقليل, many كثير، one of واحد من، some بعض various متنوع، allالكل/ الجميع some of بعض من .

أمثلة:

1- All students need to study.

2- Some of us need rest.

3- Many workers work hard.

4- My mother has lived in Spain for many years.

5- I visited him in Aqaba several times.

6- There are various ways to answer your question.

الكلمات المنتهية بأحد المقاطع التالية تكون أسماء

1- ness: kindnessطيبة ,goodness جودة

2- tion : ambition طموح, correction تصحيح

3- ment : encouragement تشجيع, arrangement تسوية، ترتيب

4- ship: friendship صداقة, relationship علاقة

5- hood: childhood طفولة, brotherhood أخوة

6- sion: erosion تآكل،انجراف, comprehension إدراك، شمول.

7- ence : difference, patience صبر.

8- ty: poverty فقر/قلة ,possibility احتمالية

9- ance: importance أهمية, arrogance غطرسة/عجرفة/تكبر.

10- ist: scientist عالم، artist فنان

11- cy : fluency, privacy سرية

12- ure: pleasure ابتهاج/سرور، adventure مجازفة/مغامرة

13- .age: shortage قلة/ شح , marriage زواج

14- dom: wisdom حكمة ، kingdom مملكة

15- th: wealth ثراء , depth عمق .

16- sm: enthusiasm حماسة، criticism انتقاد.

٢- الضمير Pronoun (pron.)

الضمائر أربعة أنواع:

A. Personal pronouns الضمائر الشخصية

Type النوع	Subject مبتدأ	Object مفعول به	Possessive صفات adjective الملكية	Possessive ضمائر pronouns الملكية	Reflexive & Emphatic ضمائر pron. انعكاسية و توكيدية
Firs person ضمير المتكلم	أنا I نحن we	أنا me نحن us	لي my لنا our	لي mine لنا ours	نفسي myself أنفسنا ourselves
Second person ضمير المخاطب	أنتَ/ you أنتِ / أنتما/أنتم / أنتن	you	your لكَ/ لكِ/ لكم/ لكما ...	yours	نفسك yourself yourselves أنفسكم
Third person: singular & plural ضمير غائب ، مفرد و جمع	هو he هي she it هو/ هي (لغير العاقل) هم/ هن they	هو him هي her هو/ هي it هم/ هن them	له his لها her له/ its لها (غير العاقل) لهم/ لهن their	له his لها hers --------- لهم/ لهن theirs	نفسه himself نفسها herself نفسه itself themselves أنفسهم

قاعدة 1: صفة الملكية يجب أن يأتي بعدها اسم .

I visited ________ school. (they / them/ their/ theirs) .

(their)

قاعدة ٢: ضمير الملكية لا يأتي بعده اسم.

Whose book is this? It's _________ . (I / me/ my / mine)

(mine)

قاعدة ٣: الصفة تأتي قبل الأسم.

They have a *modern* car.

قاعدة ٤: نستعمل ضمير مفعول به بعد حروف الجر.

Does he live with them?

Laila works with her aunt.

B. Relative pronouns ضمائر الربط/ الأسماء الموصولة

who (للأشخاص) الذي/التي which (للأشياء) الذي/ التي

that الذي/ التي (للأشخاص/للأشياء) whose الذي له/التي لها (للملكية)

C. Interrogative pronouns ضمائر الاستفهام

who من which أي what ماذا whose لمن

D. Demonstrative pronouns ضمائر الإشارة

this (للمفرد القريب) هذا these (للجمع البعيد) هؤلاء that (للمفرد البعيد) ذاك/ ذلك
those (للجمع البعيد) أولئك

Exercise تمرين

Use the suitable pronoun.

استخدم الضمير المناسب

1) This cup isn't very nice. I don't like _____.

2) These are my new books. I like _____.

3) Mr. Sami is not very friendly. I don't like _____.

4) A- Do you know that Mrs. Laila? B- Yes, I work with _____.

5) I can't find my pens. Where are _____?

6) I'm tired and ill. Please, help _____.

7) Ali and his brother want to see me, but _____ don't want to see _____.

8) She wants to see him but _____ doesn't want to see _____.

9) He wants to see us but _____ don't want to see _____.

10) You want to see her but _____ doesn't want to see _____.

11) I am going to wash _____ hands.

12) We are going to wash _____ hands.

13) Are you going to wash _____ hands?

14) He does not like_____ job.

15) We live on this street. _____ name is Al-Urdon Street.

16) What are the children doing? They are doing _____ homework.

17) It's your money. It's _____.

18) It's my bag. It's _____.

19) It's our car. It's _____.

20) It's his coat. It's _____.

21) It's _____ problem. (they/ them/ their/ theirs)

22) This is a nice camera. Is it _____? (your/yours/you)

23) Can we use your telephone? _____ is not working. (our/ours/ we/ us)

24) _____ room (my/mine/ I) is bigger than _____ (her / hers/ she)

25) I see _____ in the mirror. (myself/ my/ me/ I).

الإجابات Answers

1) it	14) his
2) them	15) its
3) him	16) their
4) her	17) yours
5) they	18) mine
6) me	19) ours
7) I , them	20) his
8) he, her	21) their
9) we, him	22) yours
10) she, you	23) ours
11) my	24) My, hers
12) our	25) myself
13) your	

٣- الصفة/ النعت Adjective (adj.)

الصفة تستعمل لوصف الاسم أو الضمير.

أمثلة:

Suha is *clever*.سهى ذكية

He is *rich*.إنه غني

Mohammad is *strong*.محمود قوي

أنواع الصفات:

يوجد خمسة أنواع من الصفات

1. quality	صفات نوعية	square مربـع, good جيـد, golden ذهبـي, fat سـمين, heavyثقيل, dry, clever ذكي
2.demonstrative	صفات الإشارة	this, that, these, those.
3. quantitative	صفات كمية	some, any, no, few, many, much, one, twenty.
4. interrogative	صفات استفهامية	which, what, whose.
5. possessive	صفات ملكية	my, your, his, her, its, our, their.

استعمالات الصفة

١. تأتي الصفة قبل الاسم الموصوف.

Linda is a <u>polite</u> *girl*.

It's a <u>nice</u> *morning.*

٢. نستعمل there's/ there is <u>مع الأسماء المفردة</u> و نستعمل there are/ there're <u>مع الأسماء الجمع</u>، أمثلة:

There is <u>a car</u> in the park.

There are <u>five dogs</u> in the garden.

صياغة الأسئلة مع there is و there are

Is there + اسم مفرد ?

<u>Is there</u> a bank near here?

Are there + اسم جمع ...?

<u>Are there</u> a lot of cars in the street?

Exercise تمرين

Complete the sentences using ***there is, there are, is there or are there.***

أكمل الجمل التالية باستخدام ***there is, there are, is there or are there***

1..................two boys and three girls in his family.

2.....................a train in Amman?

3.......................a new restaurant near the university.

4.....................a beautiful park in this city?

5.....................four restaurants in the town.

6.....................a lot of animals and birds in the zoo?

7.......................six families in that building.

8......................a radio in the house?

Answers الإجابات

1.There are 2. Is there 3.There is 4.Is there 5.There are 6.Are there

٣. تأتي الصفة بعد الأفعال التالية (و في أي زمن).

1.(verbs to be) أفعال الكينونة (am- is- are- was- were- be- being- been)

2.become يصبح

3.أفعال وصف الحالة seem يبدو- appear يظهر /يبدو – look يبدو ، ينظر – sound

4.feel يشعر

5.taste يتذوق

6.smell يشم

7.keep يحتفظ بـ/ يبقي

8.remain يبقى/ يظل/ يمكث

<u>إليك الأمثلة التالية:</u>

1) *Being* <u>innocent</u>, the woman was set free.

2) When you drive your car, you should *be* <u>careful</u>.

3) Ali *looks* <u>happy</u> today.

4) The soup *tastes* <u>delicious</u>.

5) Sami *felt* <u>ill</u>.

6) The child *remained* بقي / ظل <u>quiet</u>.

7) I *felt* <u>sure</u> of Anne's success.

8) The music *sounds* <u>pleasant</u>.

٤. لاحظ أن الصفات التي تعود على الأشخاص تصبح اسما جمعا إذا سبقت بـ the

أمثلة:

the brave الشجعان

the living الأحياء

the poor الفقراء

the rich الأغنياء

the wounded الجرحى

٥. الصفة لا تجمع

مثال:

سيارة حديثة A modern *car* **اسم مفرد صفة**

سيارات حديثة Modern cars **اسم جمع صفة**

٦. الصفات إما أن تأتي قبل الاسم أو ليس بعدها اسم

أمثلة:

صفة قبل الاسم: This is a *nice* weather

صفة ليس بعدها اسم: The weather is nice

٧. هناك صفات يختلف معناها بحسب موقعها في الجملة

أمثلة:

1) Certain address = specific عنوان محدد

2) I'm certain = sure متأكد

3) The present situation = now الوضع الحالي

4) I was present = here/ there كنت حاضرا

5) The building work is <u>complete</u> = finished/ ended منتهي

6) A <u>complete</u> idiot = in every way تماما/ بكل معنى الكلمة

7) <u>Close</u> friend = well-known, liked and understood

8) The mosque is <u>close</u> = near قريب

9)The school is <u>closed</u> مغلقة

10) He is a <u>responsible</u> person = sensible مدرك

11) The <u>responsible</u> (مسئول) person will be punished = who did it الذي قام بها/ الذي فعلها

٨. الصفة (old) إذا كانت مستعملة قبل الاسم يكون معناها (معروف منذ مدة طويلـة)، أمـا إذا جاءت بعد الاسم يكون معناها كبير في السن أو بمعنى قديم إذا كانت تصف الأشياء.

أمثلة:

Hamza is an <u>old</u> friend of mine. حمزة صديق منذ زمن طويل

Hamza is <u>old</u>. حمزة كبير بالسن

ملاحظة:

الصفات العددية المركبة و هي تتكون من عدد و اسم مفرد بينهم (_)

A two-door car = a car that has two doors. سيارة لها بابين

A three-dimensional game لعبة ثلاثية الأبعاد

٩. الكلمات المنتهية بأحد المقاطع التالية تكون صفات:

1. ful : helpful, wonderful

2. ous: ambitious, curious فضولي

3. able : believable مصدق/معقول, remarkable ملحوظ

4. ive :impressive رائع/بديع، creative مبدع/مبتكر

5. ic :scientific, tragic فاجع/مأساوي

6. ant : important, reluctant متقاعس/كاره

7. al : educational تربوي/تعليمي, governmental

8. less :sugarless

9. ish : childish, foolish أحمق/سخيف

10. some: handsome وسيم

11. y: lucky, necessary

12. ent: different, competent كفؤ/قدير

13. en: golden, wooden

14. ed: surprised مفاجئ/مدهش, injured جريح/مجروح

Exercise تمرين

Choose the right answer from the brackets.

اختر الإجابة الصحيحة من بين الأقواس.

1) That was the ___________ (main reason/ reason main).
2) He is _____________ ; he is in hospital. (ill/ a man ill).
3)The earth looks ____________ (beautiful/ beautifully/ most beautifully).
4) She is ________________ (glad/ glad person/ person glad).

Answers الإجابات

1. main reason 2.ill 3. beautiful 4. glad

Study the following of sentences and answer the question that follows.

ادرس الجمل التالية و أجب عن الأسئلة التي تليها.

a) Sami is old, he is a friend of mine.

b) Sami is my old friend.

Which sentence means that the speaker knows Sami for a long time?   **b**

Explain the meaning of the underlined adjectives in the following sentences.

اشرح معنى الصفات التي تحتها خط في الجمل التالية.

1. The restaurant is <u>close</u> to our school. _____

2. Ahmad is a <u>close</u> relative. _____

3. Ramadan is getting <u>close</u>. _____

4. Pay <u>close</u> attention. _____

5. Yousef is my <u>close</u> friend. _____

الإجابات Answers

3.near in time (صلة قرابة) 2. near in relationship (قريب من حيث المسافة) . near in space1

(قريب) 4. careful (انتباه)   well-known 5 (معروف جيدا).

٤- الظرف/الحال/ صفة الفعل Adverb (Adv.)

- يستعمل الظرف لوصف الفعل والصفة و هو جواب السؤال كيف، how.

- يوجد ستة أنواع للظرف كالتالي:

1. <u>Adverb of time</u> (ظرف الزمان): yesterday/ now/then

وهو الظرف الذي يعبر عن زمن حدوث الفعل

أمثلة:

What is going to happen <u>next</u>?

I am going to leave to London <u>now</u>.

2. <u>Adverb of place</u> (ظرف المكان): here, there, above, in, on.

وهو الظرف الذي يعبر عن مكان حدوث الفعل

I will wait you <u>there</u> سأنتظرك هناك

Hassan has looked <u>everywhere</u> for his wallet.

لقد بحث حسن عن محفظته في كل مكان

3. <u>Adverb of frequency</u> (ظرف التكرار): always/ usually/ often

وهي يعبر عن تكرار حدوث الفعل

أمثلة:

I watch the news <u>every night</u>. أنا أشاهد الأخبار كل ليلة

She studies <u>daily</u>. إنها تدرس يوميا

He goes to Aqaba every <u>summer</u> إنه يذهب إلى العقبة كل صيف

4. <u>Adverb of degree</u> (ظرف الدرجة) : too/ very/ rather/ extremely.

وهو الظرف الذي يعبر عن درجة القوة في الصفة أو الفعل

أمثلة:

You need to think very carefully about which course you want to study.

This drink is too hot to drink.

5. <u>Adverb of manner</u> (ظرف الحال) : quickly/ beautifully.

و هو الظرف الذي يوضح الطريقة التي تم فيها الفعل

Sami drove very <u>quickly</u> to his work.

He smiled <u>bravely</u>.

6. Adverb of certainty. ظرف اليقين

و هو الظرف الذي يعبر عن درجة التأكد في الفعل.

really, very, almost, many

أمثلة:

- It was *really* cold last night.
- It was *almost* midnight.
- There are too *many* cars on the road.

ملاحظات:

١. يشتق الظرف بإضافة ly إلى الصفة.

صفة + ly → ظرف e.g.: quick (سريع) + ly quickly (بسرعة)

أمثلة:

صفة	ظرف
slow بطيء	slowly
dangerous خطير	dangerously
careful حذر	carefully
successful ناجح	successfully
happy سعيد	happily
nice لطيف	nicely
careful حذر	carefully

٢. لا تنتهي الظروف دائما بـ ly .

أمثلة:

very جدا, lateمتأخر, fast بسرعة, soon مبكرا/قريبا, hard صعب

1- Ahmad works hard. أحمد يعمل بجد

2- He ran fast in the race.

3- They came home late.

4- She'll leave soon.

5- You have to push the window hard to open it.

3. Goo صفة و ظرفها well.

أمثلة:

- She speaks English very well.
- Did you sleep well?
- All the team played very well today.
- Sami doesn't work well under pressure.

٤. الكلمات التالية صفات و لو إنها منتهية بـ ly-

costly مكلف

cowardly ، جبان

elderly كبير السن

friendly ودود

kingly ملوكي

lonely وحيد

lovely محبب إلى النفس

miserly بخيل

motherly أموي/حنون

princelyأميري /فخم

sicklyمريض

sisterly كالأخت

أمثلة:

1-Yousef bought a *costly* suit.

2-His table was *kingly*.

3-They were *friendly* people.

4-A *cowardly* act.

5-This procedure can be very costly.

6-Hamza is nearly 52, and his parents are elderly.

7-A lonely and deserted road. طريق وحيد و مهجور

٥- الفعل Verb (V.)

الفعل من أهم أقسام الكلام في اللغة الإنجليزية و يذكر دائما بعد الفاعل.

يوجد عدة تصنيفات للفعل:

أولا: الفعل اللازم و الفعل المتعدي

١) الفعل اللازم (intransitive verb) و هو كل فعل لا يأخذ مفعولا به.

أمثلة:

Ali slept. نام علي

He died suddenly. لقد مات فجأة

٢) الفعل المتعدي (transitive verb) و هو كل فعل يأخذ مفعولا به أو أكثر.

أمثلة على الفعل المتعدي:

Enjoy يستمتع / deny ينكر / mind يمانع / avoid يتجنب / suggest يقترح / defer يؤجل / finish ينهي /weaken يضعف / study/ take/ send

Smoking weakens the body. التدخين يضعف الجسم

Ali studies English. على يدرس إنجليزي

He took my book (مفعول به مباشر)

He sent me a letter.

1 2 (أكثر من مفعول به)

Me مفعول به غير مباشر a letter مفعول به مباشر

He sent a letter (to) me

a letter مفعول به مباشر   me مفعول به غير مباشر

في حالة تقديم المفعول به المباشر (direct object) على المفعول به غير المباشر (indirect object) فإننا نستعمل (to) قبل المفعول به غير المباشر.

Exercise تمرين

Choose the correct verb in brackets.

اختر الفعل الصحيح من بين الأقواس.

1)You'll have to .... the well if you want more water for your garden.

(deepen, deep, deeply)

2)Will you let your father .... this job for you?

(complete, completion, completely)

3)I don't ....to watch matches; I'd rather go for a walk.

(care, careful, carefully)

4).......................... well before you say the answer.

(Think, Thoughtful, Thoughtfully)

5)You will get more money if you ....your business.

(enlarge, enlargement, largely)

Answers الإجابات

1-deepen.

2-complete.

3-care .

4-Think .

5-enlarge.

ثانيا: الأفعال العادية المنتظمة و الشاذة

١- الفعل المنتظم *regular verb* هو كل فعل ينتهي بـ ed /d- في حالتي الماضي و التصريف الثالث.

أمثلة:

Base المصدر	Pastماضي	Past participleأسم المفعول/التصريف الثالث
visit	visited /id/	visited /id/
decide	decided /id/	decided /id/
need	needed /id/	needed /id/
repeat	repeated /id/	repeated /id/

لاحظ أن (ed) تلفظ (id) إذا كان الفعل منتهيا بصوت (t/d).

Base المصدر	Pastماضي	Past participleأسم المفعول/التصريف الثالث
hope	hoped /t/	hoped /t/
quiz	quizzed /t/	quizzed /t/
laugh	laughed /t/	laughed /t/
fix	fixed /t/	fixed /t/
ask	asked /t/	asked /t/
wish	wished /t/	wished /t/
kiss	kissed /t/	kissed /t/
watch	watched /t/	watched /t/
help	helped /t/	helped /t/
produce	produced /t/	produced /t/

لاحظ أن (ed) تلفظ (t) بعد صوت /k/p/ss/z/ x/ ch/ sh و بعد الأصوات التي تنتهي بــ ف مثـل /f/ ph/ (.gh

٢- أفعال غير منظمة/ أفعال شاذة (Irregular Verbs) وهي الأفعال التي لا تنتهي بـ d/ ed في الماضي و التصريف الثالث.

أمثلة:

Base المصدر	Pastماضي	Past participle أسم المفعول/التصريف الثالث
bear يتحمل، يصبر	bore	borne
become يصبح	became	become
break ينكسر	broke	broken
choose يختار	chose	chosen
cling يلتصق،يتشبث بـ	clung	clung
come يأتي	came	come
cost يكلف	cost	cost
cut يجرح	cut	cut
dig يحفر	dug	dug
eat يأكل	ate	eaten
forget ينسى	forgot	forgot
forgive يصفح	forgave	forgiven
give يعطى	gave	given
hurt يوجع، يعوق	hurt	hurt
let يدع، يترك	let	let

put يضع	put	Put
ride يركب	rode	ridden
rise يطلع، يبزغ، يشرق	rose	risen
see يرى	saw	seen
shake يهتز، يرتج	shook	shaken
shine يلمع	shone	shone
shoot يطلق النار	shot	shot
speak يتحدث	spoke	spoken
spread يمتد، ينشر	spread	spread
sting يقرص، يلدغ	stung	stung
strike يضرب، يرتطم بـ	struck	struck
swear يقسم	swore	sworn
take يأخذ	took	taken
tear يمزق	tore	torn
Understand يفهم	understood	understood
undertake يباشر، يتولى	undertook	undertaken
upset يزعج	upset	upset
wear يرتدي	wore	worn
write يكتب	wrote	written

*راجع قائمة الأفعال الشاذة في نهاية الكتاب.

الكلمات المنتهية بأحد المقاطع التالية تكون دالة على أفعال:

(Verbs): 1. ise 2. ate 3. de 4. ine 5. fy 6. en 7. ve 8. ess

أمثلة:

1.rise, exercise يتدرب

2.hate, graduate يتخرج

3.decide يقرر, made, divide

4.define يحدد, imagine يتخيل

5.identiy يطابق/يتعرف على, satisfy يشبع/يعوض

6.threaten يهدد/ينذر, happen يحدث

7.improve يتحسن/يحسن, involve يشمل/ يتضمن

8.press يكبس/يضغط, address

ثالثا: الأفعال المساعدة (Helping Verbs):

وهي:

a)أفعال الكينونة (*to be*)

1. to be	في صيغة المجرد
2. be	مصدر
3. is(he/she/it أو أي فاعل مفرد)	في مضارع
4. am (I)	في مضارع
5. are (we/you/they)	في مضارع
6. was (it/he/she أو أي فاعل مفرد)	في الماضي
7. were (we/you/they أو أي فاعل جمع)	في الماضي

8. been   في حالة التصريف الثالث

9. being   -present participle

b) أفعال الملكية (*to have*)

1. to have   في صيغة المجرد

2. have   مصدر

3. have/has   في مضارع

4. had   في الماضي و التصريف الثالث

5. having   -present participle

c) أفعال العمل (*to do*)

1. to do   -infinitive

2. do   -base

3. do/does   -present

4. did   -past

5. done   -past participle

6. doing   -present participle

d) الأفعال الشكلية (*Modals*)

1. shall سوف   should _____

2. will سوف   would _____

3. can يستطيع   could   been able to

4. may ربما   might _____

5. must يجب   had to   had to

6. dare يجرؤ   _____ _____

7. need يحتاج   _____ _____

8. ought to ينبغي   ought to   _____

*الأفعال المساعدة التالية تستعمل أفعالا عادية أيضا:

1. will يرغب

2.can يعلب

3.dare يجرؤ

4.need يحتاج

5.do يعمل

6.have يملك

كيف نميز فيما إذا كان الفعل مساعدا أم عاديا؟

1. He has a car.

الفعل *has* في هذه الجملة يعنى (يملك) و لو حذفناه لتأثر المعنى. إذا الفعل *has* في الجملة السابقة فعل عادي ولاحظ أنه لا يوجد في الجملة فعل آخر غيره.

2. He has bought a car.

الفعل has في الجملة السابقة ليس له معنى ولو حذف لا يتأثر المعنى. إذا الفعل has فعل مساعد.

* الأفعال المساعدة مشروحة بالتفصيل كل على حدا.

ما هو المصدر المسمى infinitive؟

هو ١. فعل مضارع

٢. مسبوق بـ *to*

٣. . ليس في آخره حرف *s* زائدة. (فعل مجرد)

Yaser wants to play football.

ما هو المصدر المسمى base؟

هو   ١. فعل مضارع.

٢. غير مسبوق بـ to

٣. و ليس في آخره حرف s زائدة.

ما هو الفعل المضارع (present) ؟

هو ١. مصدر ٢. غير مسبوق بـ to ٣. و قد يكون في آخره حرف s زائدة.

متى يجب أن يكون آخر الفعل المضارع حرف (s) زائدة؟

إذا سبق الفعل المضارع بـ (he/ she/ it) أو فاعل مفرد فيجب أن يكون آخره حرف (s) زائدة.

أمثلة:

I play.	He plays.	Sami plays.	Ahmad stud*ies*
We play.	Linda plays.	Linda plays.	
You play.	It plays.	The cat plays.	
They play.	The girl plays.		
The girls play.			

لاحظ ما يلي:

١) أن كل فعل آخره حرف (s) زائدة هو فعل مضارع لفاعل مفرد.

٢) نضيف (es) للفعل المضارع إذا كان الفعل منتهيا بـ ss/o/sh/x/ch/zz

watch – watches

go – goes

wash – washes

٣) إذا كان الفعل المضارع منتهيا بـ y- قبلها حرف علة فعند إضافة s لا نحذف الـ y- أما إذا كان قبل الـ y- حرف ساكن فنحذف الـ y- و نضع ies-.

أمثلة:

He cries — الفاعل مفرد لفعل منتهي بـ y قبلها حرف ساكن

The children cry. — الفاعل هنا جمع

She plays tennis. — الفاعل مفرد لفعل منتهي بـ y قبلها حرف ساكن

نلفظ (s) على أنها (s) بعد الأصوات التالية: (t/p/k/f).

أمثلة:

hats
sleeps
looks
laughs

نلفظ (s) على أنها (iz)بعد الأصوات التالية :(sh/ch/s/x/z/ge/dge)

wishes/ watches / fixes/ faces/ kisses/ quizzes/ pages/ judges

أما في الحالات الأخرى غير المذكورة أعلاه فتلفظ (s) على أنها (z).

أمثلة:

feeds/ robs/ fills/ plays/ agrees/ comes/ occurs

Exercises تمارين

Write the past and the past participle of the following verbs.

أكتب صيغة الماضي البسيط و التصريف الثالث للأفعال التالية:

Base المصدر	Past الماضي	Past Participle التصريف الثالث للفعل
be يكون	was/ were	been
bear يتحمل، يصبر	bore	borne
bleed ينزف	bled	bled
cling يتشبث بـ يلتصق	clung	clung
derive يشتق	derived	derived
die يموت	died	died
dye يصبغ	dyed	dyed
flee يفلت، يفر، يهرب	fled	fled
grow ينمو/ يكبر	grew	grown
guide يرشد	guided	guided
hang يشنق	hung	hung/hanged
lose يفقد/ يخسر	lost	lost
participate يشارك/ يشترك	participated	participated
ring يرن/ يقرع	ringed	ringed
seek يقصد، يبتغي، يسعى	sought	sought
show يظهر	showed	shown
spend ينفق	spent	spent
stand يتحمل/ يطيق	stood	stood
stop يوقف/ يتوقف	stopped	stopped
strike يضرب، يرتطم بـ	struck	struck
study يدرس	studied	studied
sweep يجتاح/ يكنس/ يغزو	swept	swept
swim يسبح	swam	swum
teach يدرس	taught	taught
treat يعالج	treated	treated
wind يلف	wound	wound
wring يعصر، يكبس/ يضغط	wrung	wrung

*يمكن صياغة الأفعال من الأسماء و الصفات.

لاحظ الاشتقاقات التالية:

large (adj.) كبير	enlarge (v.) يكبر
able (adj.) قادر	enable (v.) يخول/ يمكن
courage (n) شجاعة	encourage (v.) يشجع
deep (adj.) عميق	deepen (v.) يعمق
hard (adj.) صعب	harden (v.) يصلب/قسو
long (adj.) طويل	lengthen (v.) يمدد/يطول
prison (n.) سجن	imprison (v.) يسجن
ripe (adj.) ناضج	ripen (v.) ينضج
quick (adj.) سريع	quicken (v.) يعجل /يسرع
sharp (adj.) حاد	sharpen (v.) يحد/ يشحذ
short (adj.) قصير	shorten (v.) يقصر
straight (adj.) معتدل	straighten (v.) يعدل/يقوم
strong (adj.) قوي	strengthen (v.) يقوي
tight (adj.) شديد، ضيق	tighten (v.) يشد
weak (adj.) ضعيف	weaken (v.) يضعف
wide (adj.) عريض	widen (v.) يعرض

٦- حروف الجر **Preposition (Prep.)**

at / in في / on على / with مع / of من/ into نحو / from من / without بدون / through خـلال / to إلى/ for لـ / against مقابل/ beside....

أمثلة:

1-I live in Aqaba. أنا أعيش في العقبة
2-He works at night. إنه يعمل في الليل
3-The table made of wood. الطاولة مصنوعة من الخشب
4- This letter is from my uncle. هذه الطاولة من عمي
5- The train is going <u>through</u> the tunnel.
6- We are going <u>to</u> the beach. نحن ذاهبون إلى الشاطئ
7- This book is <u>for</u> Ali.
8- The boy is playing <u>beside</u> the tree.

٧- حروف العطف/ أدوات الربط

Linking words Conjunctions (Conj.)

نستعمل حروف العطف لربط الكلمات والجمل

and/ but لكن/ when عندما/ however/ so/or/ if/ as soon as حالما / because بسبب /although بالرغم من /moreover علاوة على ذلك /finally/consequently بناءا على ذلك، وهكذا /so that لكي/ neither... nor لا...ولا

أمثلة:

1- Do you like coffee *<u>or</u>* tea? هل تحب القهوة أم الشاي
2- He is rich, *<u>but</u>* he is sad. إنه غني لكنه حزين.

3- I have two brothers <u>and</u> one sister.   لدي أخوين و أخت

٨- أدوات التعجب   Interjection (Inter.)

وهي الكلمات التي تعبر عن الشعور الداخلي من فرح و حزن.

أمثلة:

<u>Oh</u>! How sad I am to hear that.   كم أنا حزين لسماع ذلك

<u>Alas</u>! I've lost my money.   وحسرتاه! لقد أضعت مالي

<u>Good heavens!</u>   يا إلهي

<u>Bravo</u>!   مرحى

الأزمنة

Tenses

١- زمن الماضي البسيط The Past Simple Tense

استعمال زمن الماضي البسيط:

يستعمل هذا الزمن للدلالة على أن حدث أو سلسلة أحداث قد تمت وانتهت في الماضي.

<u>صياغة الماضي البسيط:</u>

الفاعل + فعل ماضي

ملاحظة:

الأفعال الماضية تقسم إلى قسمين :

١) أفعال منتظمة: و هي التي يصاغ ماضيها و تصريفها الثالث بإضافة d-أو ed - إلى نهاية الفعل.

أمثلة:

play   played

walk   walked

٢) أفعال شاذة: و هي التي يصاغ ماضيها وتصريفها الثالث بعدم إضافة d - أو ed - إلى نهاية الفعل.

أمثلة:

go went gone

sing sang sung

راجع تصاريف الأفعال في نهاية الكتاب.

الكلمات الدالة على زمن الماضي البسيط Time expressions

1-yesterday	أمس
2-ago	قبل
3-last night	الليلة الماضية
4-last+	كلمة تدل على الماضي
5-in +	تاريخ ماضي
6-in the past	في الماضي
7-once day	ذات يوم
8-at the previous month	في الشهر الماضي
9- wish	يتمنى
10-at that time	في ذلك الوقت
11-once (once upon a time)	ذات مرة

ملاحظات:

١. كل فعل مكتـوب بـين قوسـين و مطلـوب تصـحيحه هـو (base) مصـدر، أي فعـل مضـارع غـير مسبوق بـ to و ليس بآخره حرف s

٢. إذا كان قبل حرف الـ y أحد حروف العلـة (a, e, i, o, u) فعنـد إضافة ed إلى نهايتـه لا نحـذف حرف الـ y

مثـــال :

play – played (قبل y- حرف علة)

أما إذا كان قبل حرف الـ y حرف ساكن فعند إضافة ed نحذف الـ y و نضع بدلا منها ied-

مثــال:

cry-cried (قبل y حرف ساكن).

٣- إذا كان بعد wish جملة (فاعل + فعل) يكون الفعل ماضيا، أمثلة:

a.I wish <u>I were</u> an engineer. أتمنى لو كنت مهندسا

b. I wish <u>you didn't tell</u> me that. أتمنى لو أنك لم تخبرني ذلك

c. She wished <u>she</u> stayed at home. إنها تتمنى لو أنها بقيت في البيت

d. I wish <u>I knew</u> what was going to happen. أتمنى لو أنني كنت أعلم ما الذي سيحدث

أما إذا لم يكن بعد wish جملة فنستعمل بعدها مصدرا (base) مسبوقا بـ to .

أمثلة:

1-I don't wish <u>to be</u> rude. أنا لا أتمنى أن أكون فظا

2-She wishes <u>to be</u> alone. إنها تتمنى أن تكون وحيدة

3-Do you wish me <u>to leave</u> now? هل ترغب أن أغادر الآن؟

4-I wish <u>to be</u> an engineer. أتمنى أن أكون مهندسا

٤- دائما نستعمل were بعد wish مع جميع الضمائر.

أمثلة:

1- I <u>wish</u> I *were* a doctor. أتمنى لو طبيبا

2- She <u>wishes</u> that she *were* at her home at that time.

إنها تتمنى لو كانت في البيت في ذلك الوقت

يسمى الفعل الماضي البسيط فعل مكتمل الحدوث completed action.

أمثلة:

1-<u>Last week</u> I *climbed* a mountain in Turkey.

الأسبوع الماضي تسلقت جبلا في تركيا

2-We *cleaned* the floor <u>last night</u>. نظفنا الأرضية الليلة الماضية

3-He *went* to Beiurt <u>last summer</u>. ذهبنا إلى بيروت الصيف الماضي

4-They *played* tennis <u>yesterday</u>. لعبوا تنس أمس

5-They visited their uncle <u>two months ago</u>. زاروا عمهم قبل شهرين

6-We *went* to Aqaba <u>last year</u>. ذهبنا إلى العقبة السنة الماضية

ملاحظات:

١- لعمل سؤال في الماضي البسيط <u>**نضع الفعل المساعد (did)**</u> **في بداية الجملة** ثـم الفاعل و بعد الفاعل نضع فعل مجرد و علامة استفهام في نهاية السؤال.

Did + الفاعل + فعل مجرد؟

<u>Did</u> you <u>visit</u> him? Yes, I did. I <u>visited</u> him yesterday.

٢- عند **تكوين** سؤال في الماضي مبدوء بــ did يجـب إبقاء الفعـل الرئيسي ـ في حالتـه الأولى (base) لأن الأفعال تكون مجردة بعد did، لاحظ السؤال السابق حيث أن الفعل visit بقي كما هو دون تغير لكنه تحول إلى visited عند الإجابة على السؤال.

٣- عند **وجود** سؤال يحتوي على الفعل المساعد (be) يجب تحويله حسب نوع الفاعل (مفرد أو جمع) في الإجابة.

a) Where <u>were</u> you last week?

   I <u>was</u> in Aqaba.

b) Where <u>was</u> she yesterday?

   She <u>was</u> at school.

١- لصياغة النفي للأفعال في زمن الماضي البسيط نضع not بعد did .

مصدر + did not + فاعل

أمثلة:

a. Linda didn't have لم تتناول her lunch yet.

b. I didn't do my homework yesterday. لم أقم بحل واجباتي المدرسية أمس

٢- لصياغة النفي للصفات في زمن الماضي البسيط نستعمل (not) بعد أفعال الكينونة حسب الفاعل (مفرد \جمع)

أمثلة:

a) Khalid was happy.

Khalid was not happy.

b) John was there.

John was not there.

c) The girls were angry.

They weren't angry.

٣- نستعمل was مع الأسماء والضمائر المفردة و were مع الأسماء والضمائر الجمع عدا الضمير you سوءا كان الفاعل مفرد أو جمع نستخدم الفعل were .

لاحظ الأمثلة التالية:

1. Where were you last night? أين كنت الليلة الماضية (المخاطب مفرد)

I was in the restaurant. كنت في المطعم

2. It was hot in the morning. كان الطقس حارا في الصباح

3. Was she with you last week? هل كانت معك الأسبوع الماضي

Yes, she was. نعم لقد كانت

4. They were here yesterday. كانوا هنا أمس

5.Where were you yesterday?

I was at school.

We were in the garden.

في المثال الخامس يتحدث المتكلم إلى شخص واحد أما في المثال السادس يتحدث المتكلم إلى أكثر من شخص.

ملاحظات:

١- الفعل المساعد (be) يعتبر دليل على زمن الماضي في الجمل التي لا تحتوي على دليل زمني، حيث تعرف هذه الجمل أنها في زمن الماضي منه سواء كان was أو were.

1- Was the food *good*?

2- Was the weather *bad*?

3- Were the boys *cleaver*?

Exercise تمرين

Write the verbs in brackets in the correct form.

أكتب الأفعال التي بين الأقواس في الصيغة الصحيحة .

1- He ______________ his wife some money a week ago. (give)

2- They ______________ for Cairo in 2000? (leave)

3- We ______________ her yesterday. (not see)

4- I wish I ______________ a car. (have)

5- I wish ______________ a car. (have)

6- Sami ______________from the university last summer. (graduate يتخرج)

7- I once ذات مرة ______________the minister الوزير. (meet يقابل)

8- I ______________ my father's car yesterday. (drive يقود)

9- We ______________ a new TV at the previous month. (buy)

10- Our teacher __________ in front of the room yesterday. (stand يقف)

11- You ______________ any letter last night. (not write)

12- ______________ to school yesterday? (you walk)

Answers الإجابات

1. gave
2. left
3. didn't see
4. I had
5. to have
6. graduated
7. met
8. drove
9. bought
10. stood
11. didn't write
12. Did you walk

٢- زمن الماضي المستمر

The Past Continuous (Progressive) Tense:

استعمال زمن الماضي المستمر:

يستعمل زمن الماضي المستمر للدلالة على أن فعلان حدثا في الماضي، أحداهما حدث و انتهى أثناء حدوث الفعل الآخر. يكون الفعل الذي حدث و انتهى أثناء حدوث الفعل الآخر ماضي بسيط و الفعل الثاني ماضي مستمر.

6 7 8 9 10

Linda was studying English from 6 to 10. At 7 o'clock she had a cup of tea, at 9 o'clock her uncle Mustafa came.

نلاحظ أن شرب الشاي و قدوم عم ليندا في زمن الماضي البسيط لأنهما حدثا ضمن الفعل الرئيسي و هو دراسة ليندا للغة الإنجليزية.

صياغة زمن الماضي المستمر:

الفاعل + was/ were + present participle (v.+ing)

I/ He/ She/ It/فاعل مفرد → was + v + ing

They/ We/ You/فاعل جمع → were + v + ing

*** الكلمات الدالة على زمن الماضي المستمر Time expressions:**

1-as بينما 2- while أثناء 3- when عندما

أمثلة :

1. It began to rain تمطر *as* they were playing tennis.

2. When I underline{arrived,}وصل he was still مازال studying.

3. What were you doing when I phoned you last night?

4. She was sleeping when the police arrived at her door.

5. Sami was playing on the beach when a big wave موجه knocked رطم him over.

6. A thief entered my room while I was sleeping.

7. My father came when we were eating.

8. While I was sleeping, a thief لص entered my flat.

تكوين أسئلة في زمن الماضي المستمر:

لتكوين سؤال في زمن الماضي المستمر نتبع الخطوات التالية:

Was/ Were + فاعل + underline{v}+ ing (present participle) .... + underline{؟}

   1   2   3   4   5

أمثلة:

1- Were you playing tennis when I phoned you؟

2- Was she eating when the telephone rang?

تكوين النفي في زمن الماضي المستمر:

لتكوين صيغة النفي في زمن الماضي المستمر نتبع الخطوات التالية:

فاعل + was / were + not + underline{v}+ ing (present participle).

   1   2   3   4   5

I wasn't watching TV when you came.

1- The students weren't playing when the teacher came.

* يسمى الفعل الماضي المستمر بفعل غير مكتمل الحدوث incomplete أو بفعل مؤقت temporary.

- 51 -

Exercise تمرين

Put the verbs in brackets in the correct form.

اكتب الأفعال التي بين الأقواس بالصيغة الصحيحة.

1. I called him last night when he (study) __________________ maths.

2. While she (read) __________________ a story, she fell asleep.

3. The old man (listen) __________________ to music when the police opened the door.

4. Maha met two of her friends while she (go) __________________ to school.

5. While you (type يطبع)__________________ the essay مقال, the computer stopped working توقف عن العمل.

6. I was writing a letter when the bell (ring يقرع) ______________.

7. While the boys (go) __________________ to school, it began to rain.

8. As he was listening to the radio and seemed بـدا interested مهـتما in the news, he (not discuss يناقش) __________________ our problem *at that time* في ذلك الوقت.

9. The thief entered the house as they (sleep) __________________.

10. She (live يعيش) __________________in Amman when she got married.

11. (you watch يشاهد) __________________TV when I phoned you?

12. My friend (drive يقود) _____ very fast <u>when</u> the accident حـادث happened.

13. I (not drive) _____ very fast <u>when</u> the accident happened.

14. I broke كسر a plate طبق <u>when</u> I (do) _____ the washing up.

15. <u>When</u> I saw Salwa, she (wear يلبس) _____ a really beautiful dress.

16. I hurt آذى my foot <u>while</u> I (work) _____ in the garden.

Answers: الإجابات

1. was studying

2. was reading

3. was listening

4. was going

5. were typing

6. rang

7. were going

8. didn't discuss

9. were sleeping

10. was living

11. Were you watching

12. was driving

13. was not driving

14. was doing

15. was wearing

16. was working

٣- زمن الماضي التام

The Past Perfect Tense

استعمال زمن الماضي التام:

يستعمل زمن الماضي التام لدلالة على حدوث فعلين في الماضي أحدهم حدث وانتهى قبل حدوث الفعل الآخر. يكون الفعل الذي حدث و انتهى أولا ماضيا تاما والآخر ماضي بسيط و يستعمل الماضي التام أيضا لدلالة على أحداث في وقت محدد في الماضي.

أمثلة:

After I had finished my work, I went to bed.

I had graduated from the university in 2004.

يستعمل الماضي التام للدلالة على أحداث في وقت محدد في الماضي

الفعل الأول	الفعل الثاني
X------------------------X	X----------------------------X
6 ماضي تام 9	10 ماضي بسيط 12

صياغة زمن الماضي التام:

فاعل + had +P.P.(اسم المفعول/التصريف الثالث للفعل)

الكلمات الدالة على زمن الماضي التام **Time expressions:**

1. before 2. After

ملاحظات:

١. نستعمل زمن الماضي التام بعد كلمة after :   after   after

٢. نستعمل زمن الماضي التام قبل كلمة before :   before   before

أمثلة:

1- Maher had lived in Italy *before* he moved to the USA.

2- After he had watched the news, he slept.

3-I had visited Ali once ذات مرة in 2003 and then again in 2005. (وقت محدد في الماضي)

4-They went home *after* they had finished their work.

5-After I had put out أطفأ the light, I went to bed.

6- I had reached وصل school *before* the bell rang.

7-His wife served the dinner *after* he had returned home.

8-She had had breakfast *before* she went to school.

9- Yesterday I had eaten my breakfast before I went to work.

صياغة النفي في زمن الماضي التام

لصياغة النفي في زمن الماضي التام نضع not بعد had

أمثلة:

1) I had had my lunch.

   I had not had my lunch yet.

2) Ahmad had done his homework.

   Ahmad had not done his homework yet.

يسمى الفعل الماضي التام بفعل مكتمل الحدوث (completed action) .

Exercise تمرين

Write the verbs in brackets in the correct form.

أكتب الأفعال التي بين الأقواس بالصيغة الصيحة.

1. His wife served قدمت the dinner after he (return رجع) ________________ home.
2. She (have) ____________________ breakfast before she went to school.
3. The police explained شرح they were responding to information they (receive) ____________________.
4. My friend wasn't at home when I arrived. He (just go out) ____________________.
5. I felt a little better أفضل بعض الشيء after I (take يأخذ) ____________________the medicine الدواء.
6. Sami was really happy after he (receive) ____________________ the gift الهدية.
7. The Indians (use) ____________________spices بهارات before the Europeans came.
8. After the guests (leave) ____________________, we arrived.
9. When I got home, I found that someone (break) ____________________into my flat.

Answers الإجابات

1. had returned
2. had had
3. had received
4. had just gone out
5. had taken
6. had received
7. had used
8. had left
9. had broken

٤- الفعل الماضي التام المستمر

The past perfect continuous

استعمال زمن الماضي التام المستمر:

١- للدلالة على دوام أو استمرار الفعل لوقت طويل في الماضي.

٢- للدلالة على حدوث فعل لوقت طويل قبل فعل آخر في الماضي.

صياغة زمن الماضي التام المستمر:

الفاعل + had been + الفعل الرئيسي + ing

الكلمات الدالة على زمن الماضي التام المستمر:

1- when

2- as soon as

3- until

4- till

5- for

أمثلة:

1- Yesterday morning Laila got up استيقظ and looked out of نظر من خارج the window. The sun was shining but the ground الأرض was very wet. مبلل It had been raining.

2- When the boys came into the house, their clothes were dirty, متسخ and one of them had a black eye (سواد حول عينيه من أثر العراك). They'd been fighting.

3- I was very tired متعب when I arrived home. I had been working hard all day.

4- Ahmad gave up أقلع عن smoking two years ago. He had been smoking for 16 years.

5- At last أخيرا the bus came. I had been waiting for 20 minutes.

6- He was out of breath انقطع نفسه . He had been running.

* **يسمى الفعل الماضي التام المستمر بفعل غير مكتمل الحدوث incomplete.**

Exercise تمرين

Write the verbs in brackets in the correct form.

أكتب الأفعال التي بين الأقواس بالشكل الصحيح.

1)The police (look) ______________________ for the criminal for two years before they caught him.

2) The patient المريض (wait) ______________________ in the emergency room for almost an hour before a doctor finally treated عالج، داوى him.

3)When she got home, her hair was still wet because she (swim) ______________________

4)He (live) ______________________ there for many years when I met him.

Answers الإجابات

1. had been looking
2. had been waiting
3. had been swimming
4. had been living

Read the following situation and make sentences from the words in brackets.

أقرأ المواقف التالية و كون جمل من الكلمات التي بين الأقواس.

1) Maha was very tired when she arrived home. (She /work/hard all day____.

2) Ahmad and Sami came into the house. They had a football and they were both very tired. (they/ play/ football)

____.

3) When I came home in the room but there was a smell of cigarettes. (somebody / smoke)

____.

4) Ali woke up in the middle of the night. He was frightened and didn't' know where he was. (he / dream)

____.

5) When I got home, Ahmad was sitting in front of the TV. He had just turned it off. (he/ watch/ TV.)

____.

Answers الإجابات

1- She had been working hard all day.

2- They had been playing football.

3- Somebody had been smoking in.

4- He had been dreaming.

5- He had been watching TV.

٥- زمن المضارع البسيط

The Present Simple Tense

يستعمل زمن المضارع البسيط للدلالة على حدوث فعل كعادة أو تكرار و حقيقة علمية.

يسمى هذا الفعل بفعل دائم .Permanent

صياغة زمن المضارع البسيط:

فعل مضارع (بدون s) + فاعل جمع /I/ we/they/you

فعل مضارع منتهي بـ s / -es- + فاعل مفرد / He/ she/ it

يضاف es- للفعل المضارع اذا كان منتهيا بـ x/ ch/ sh/ ss/ o

الكلمات الدالة على المضارع البسيط **Time expressions**:

1. twice a week مرتين أسبوعيا
2. always دائما
3. sometimes أحيانا
4. often غالبا
5. frequently تكرار
6. generally بشكل عام/في أغلب الأحيان
7. seldom قلما
8. rarely نادرا

9. usually عادة

10. once an hour مرة بالساعة

11. every day / daily يوميا

12. أية كلمات أو عبارات أخرى تدل على عادة أو تكرار

13. إذا كانت الجملة تدل على حقيقة علمية

أمثلة:

1. Ahmad doesn't like working on Fridays.
2. Sami goes on holiday every year.
3. Uncle Ali visits lots of countries. (تدل على عادة)
4. I go to school every day.
5. They usually sleep at 11.00 p.m.
6. Ali drinks milk every morning.
7. A cow gives us milk. (حقيقة علمية)

*يستعمل الفعل المضارع البسيط ليدل على حدوث فعل كعادة أو تكرار.

Exercise تمرين

Write the verbs in brackets in the correct form.

اكتب الأفعال التي بين الأقواس بالصيغة الصحيحة.

1)I quite often (walk) ________ to work.

2)(You usually drive) ____________________ to work?

3)Maha always (have) ____________________ supper at seven p.m.

4)The old man (take) ________ the dog for a walk every morning.

5)Rami (often not see) _____________ Linda.

6)Layla usually (play) ________ the piano very well.

7)The woman (prepare) ________ the children's meals daily.

8)How often (the maid/ clean) _______________ the windows?

9)Farmers (grow) ________ tomatoes every year.

Answers الإجابات

1)walk 2)Do you usually drive 3) has 4)takes 5)doesn't often see 6)plays 7)prepares 8)does the maid clean 9)grow

***يستعمل الفعل المضارع البسيط ليدل على حقيقة علمية.**

ملاحظات:

١-إذا كان قبل حرف y- حرف ساكن فإنه يحذف و يضع بدلا منه ies- إذا كان الفاعل مفرد.

٢-الأسماء غير المعدودة مثل : rice, sugar تعامل معاملة المفرد.

Exercise تمرين

Write the verbs in brackets in the correct form.

اكتب الأفعال التي بين الأقواس بالصيغة الصحيحة.

1) Food (give) _______ you energy.
2) Paint (dry) ________quicker in summer.
3) Water (consist of) _______ hydrogen and oxygen.
4) The world (be) _______ round.
5) Nurses (look after) _______ patients.
6) Rice (not grow) _______ in Jordan.
7) Water (freeze) at zero degree.
8) Blacksmiths الحدادين (make) _______ things from iron.
9) The Jordan River (flow) _______ into the Dead Sea.
10) Metals (expand) _______ when they are heated.
11) The moon (revolve) _______ round the earth.
12) Snow (melt) _______ when it is heated.

الإجابات Answers

1) gives 2)dries 3)consists of 4)is 5)look after 6)doesn't grow 7) freezes 8)make 9)flows
   10)expand 11)revolves 12)melts

تكوين الأسئلة في زمن المضارع البسيط

Do/ Does + فعال +فعل مجرد+ تكملة ....؟

نستعمل Do مع الفاعل الجمع و I و نستعمل Does مع الفاعل المفرد.

Do   + they/ you/ we/ I

Does   + he/ she/ it

أمثلة:

1- Does he go to school every day?

2- Does she help you every week?

5- Do you like football?

6- Do I have to believe him?

7- Do they come early?

أما إذا كان في الجملة أحد أفعال to be فنضعه في بداية الجملة كالتالي:

Is/ Are/ Am + فاعل+ .... التكملة ؟

أمثلة:

Are you happy?

Is that your book?

Am I a good doctor?

ملاحظات:

١. إن الفعل الرئيسي- يبقى في حالته الأولى (مجرد) بعد الأفعال المساعدة do/does/did.كما في الأمثلة السابقة.

٢. نستعمل are مع الفاعل الجمع و is مع الفاعل المفرد و I مع am

صياغة النفي في زمن المضارع البسيط:

لصياغة النفي في زمن المضارع البسيط نضع (not) بعد الفعل المساعد الموجود في الجملة سوءا كان من أفعال to be (is, am, are) أو كان do/does.

لاحظ الأمثلة التالية:

1) Ahmad *is* here today.

Ahmad <u>is not</u> here today

2) The keys are on the table.

The keys <u>are not</u> on the table.

3) I am happy to meet her.

I am not happy to meet her.

4) Ahmad doesn't like playing football.

5) Rabbits don't eat meat.

٦- المضارع المستمر

The Present Continuous tense

صياغة زمن المضارع المستمر:

He /She / It / فاعل مفرد + *is* + Present Participle (الفعل + ing)

I + *am* + Present Participle (الفعل + ing)

We / You / They / فاعل جمع + *are* + Present Participle (الفعل + ing)

الكلمات الدالة على زمن المضارع المستمر Time expressions:

1. now الآن
2. at the moment في هذه اللحظة
3. at the present في الوقت الحاضر
4. فعل أمر: look!, listen!, hurry up!, be careful, be quiet!, watch!, Don't…
5. today
6. still ما زال
7. this week

إستعمال زمن المضارع المستمر:

١. يستعمل المضارع المستمر لدلالة على حدوث فعل الآن (أثناء الكلام) أو للدلالة على برتيبات للمستقبل.

أمثلة:

1. It is raining now , look!
2. Ahmad is learning English at the present.

3. I am looking at my holiday photos <u>now.</u>

4. I am thinking of my future <u>at the moment</u>.

5. Maha isn't working <u>today</u>.

6. I'm painting a picture. (للدلالة على حدوث فعل الآن)

7. <u>Don't</u> switch off the TV. I'm watching it. الدلالة على حدوث فعل الآن

8. <u>Look</u>! That man is taking photos.

9. I'm meeting the dentist tomorrow. (للدلالة على ترتيبات للمستقبل)

10. He's traveling to Japan next month. (للدلالة على ترتيبات للمستقبل)

٢) نستعمل زمن المضارع المستمر للتحدث عن أحداث مؤقتة *Temporary actions*

1. I'm working at a sports shop <u>for six weeks</u>.

2. <u>This week</u> they're living in a very small flat.

تكوين النفي في زمن المضارع المستمر

لتكوين النفي في زمن المضارع المستمر نضع not بعد أفعال الكينونة (is, am, are) .

أمثلة:

1. I am reading a book of grammar now.

   I am <u>not</u> reading a book of grammar now.

2. They are working at the moment.

   They are <u>not</u> working at the moment.

تكوين الأسئلة في زمن المضارع المستمر

is/am/are + فاعل + فعل + ing....   ?

لتكوين الأسئلة في زمن المضارع المستمر نضع الفعل المساعد قبل الفاعل و نضع علامة استفهام في نهاية السؤال.

أمثلة:

Ahmad is working now.

Is Ahmad working now?

The boys are playing football.

Are the boys playing football?

It is raining.

Is it raining?

Exercise تمارين

Write the verbs in brackets in the correct form.

اكتب الأفعال التي بين الأقواس بالصيغة الصحيحة.

1. Hurry up! Your friends (wait) ____________ for you.
2. It (rain) ____________ now, look!
3. The sun (not shine) ____________ at this time.
4. He is a student, but he (not go) ____________ to school right now.
5. Sami (do) ____________ his homework at the moment.
6. Don't shout here! Students (take) ____________ their exam.
7. Look! A girl (feed) ____________ the horse.
8. He (come) ____________ I can hear his footsteps.
9. Don't disturb Linda, she (listen) ____________ to a radio program.
10. Watch out! That blue car (approach يقترب) ____________ .
11. He (study) ____________ English now.
12. He (know) ____________ English now.

Answers الإجابات

1) are waiting 2) is raining 3) isn't shining 4) isn't going 5) is doing 6) are taking 7) is feeding 8) is coming 9) is listening 10) is approaching 11) is studying 12) knows.

في السؤال الأخير (١٢) الفعل know لا يجوز استعماله في حالة الاستمرار.بدلا من ذلك يستعمل في حالة المضارع البسيط.

ما هي الأفعال التي لا يجوز استعملها في حالة الاستمرار؟

الأفعال التي لا تأتي في حالة الاستمرار

A. Verbs of Perception : أفعال الفهم و الإدراك لا تأتي في حالة الاستمرار

1. realize يدرك
2. recognize يميز
3. think يفكر
4. know يعرف
5. remember يتذكر
6. forget ينسى
7. expect يتوقع
8. believe يؤمن
9. understand يفهم
10. mean يقصد
11. suppose

الفعل think لا يأتي في حالة الاستمرار عندما يعني (يؤمن أو يعتقد). أما عندما يدل على نشاط عقلي فإنه يأخذ المقطع ing- و يكون متبوعا بـ of أو about

أمثلة:

- What do you think (believe) will happen?
- You look daydreaming. What are you thinking about?

B. **Relational verbs الأفعال ذات العلاقة:**

1. be يكون

2. belong to ينتمي إلى/ يخص

3. concern يقلق/ يهتم بـ

4. consist of يتكون من

5. contain يحتوي على

Exercises تمارين

Write the verbs in brackets in the correct form.

اكتب الأفعال التي بين الأقواس بالصيغة الصحيحة.

1. Now I (think)...........he is a kind man.

2. The food (taste) ....good now. (بمعنى يبدو)

3. The chef (taste) ....the food now. (بمعنى يتذوق)

4. You (be) ....gentle, but today you (be) ....aggressive.

5. Walid (not own) ....a car at present.

6. This ring (cost) ....too much. I can't afford it.

7. Sami (seem) ....to be daydreaming at the moment but perhaps he (think) ....of his future.

8. This coat is quite cheap. It (not cost) ....much money.

9. Now this book (contain) .... 12 units.

10.   ادرس المثالين التاليين:

    a. I am thinking of my future.

    b. I think university education is useful.

69

1-Write down the sentences which express of a mental activity in progress. ....

2-Write down the sentence in which 'think' is used as a verb of perception ....

Answers الإجابات

1) think 2) tastes 3) is tasting 4) are, are being 5) doesn't own 6) costs 7) seems/ is thinking 8) doesn't cost 9) contains 10) consists 11) 1. a 2. b

C. <u>Emotional verbs أفعال العاطفة لا تأتي في حالة الاستمرار</u>

1. hate يكره
2. love يحب
3. like يحب
4. dislike يكره

D. <u>Feeling verbs : أفعال الحواس لا تأتي في حالة الاستمرار</u>

1. smell يشم
2. feel يشعر
3. hear يسمع
4. see يرى

أمثلة:

1. Close your eyes and listen carefully. What do you hear?
2. He looks happy.
3. I feel quite well today.
4. I hear you now.

5. I understand what he is saying.

6. We see you now.

ملاحظات:

١. الفعل look يستعمل في حالة الاستمرار عندما يدل على نشاط في الوقت الحاضر.

مثـــال:

1. They're looking at the paints.

2. The customer is looking at the goods.

٢. يمكن استخدام الفعل see في حالة الاستمرار (I'm seeing) عندما نعني الجملة (لدي موعد).

مثـــال:

I'm seeing the manager tomorrow morning.

E. **Verbs of preference**   أفعال التفضيل لا تأتي في حالة الاستمرار:

1. wish يتمنى

2. want يريد

3. prefer يفضل

4. need يحتاج

F. **Possessing and costing verbs** : أفعال الملكية و التكلفة لا تأتي في حالة الاستمرار

1. cost يكلف

2. have يملك/لديه

3. own يملك

4. possess يمتلك/يحوز

5. depend يعتمد على/يثق بـ

71

.

ملاحظات:

١. صيغة الاستمرار تستعمل للإحداث و الأفعال (actions and happenings)

٢. نستعمل *am going to, is going to, are going to* في زمن المضارع المستمر للتعبير عن ترتيبات للمستقبل حيث أن *going to* وتعمل عمل *shall/will*.

٣. عندما نستعمل الفعل have للدلالة على الملكية فلا يأتي في صيغة الاستمرار أما عندما يدل على نشاط في حالة الاستمرار فإننا نضيف له المقطع ing-

أمثلة:

1. We have a nice room in the hotel.
2. We are having a great time.
3. She is having a shower now.
4. They are having a journey.
5. I am going to meet her next week.
6. Are you going to see your doctor tomorrow?
7. Suha is going to do some shopping next Monday.

Exercise تمرين

Put the verbs in brackets in the right tense.

ضع الأفعال التي بين الأقواس بالزمن الصحيح.

1.Ahmad ____________________(work) with his father at the present.

2. The train ____________________(leave) the station now.

3. I ____________________ (study) English now.

4. Mother ____________________ (cook) the food at the moment.

5. Look! It's ____________________ (rain) hard outside.

6. Listen! I ____________________(write) to write a letter.

7. Don't make any noise, they ____________________ (read) for exams.

8. Hash !, Linda____________________ (play) the piano.

الإجابات Answers

1) is working   2) is leaving   3) am studying   4) is cooking   5) is raining   6) is writing   7) are reading   8) is playing

٧. زمن المضارع التام

The Present Perfect Tense

استعمالات المضارع التام:

يوجد أربعة استعمالات لزمن للمضارع التام.

١. للتعبير عن فعل حصل حديثا أو مؤخرا .

- Ahmad is tired. He has <u>just</u> painted the wall.

- I have <u>already</u> finished my homework.

- We have <u>just</u> decided to travel to Saudi Arabia.

٢. نستعمل المضارع التام للتحدث عن فعل حصل في الماضي لكن وقت حدوثه ليس محـدد أو غـير مهم.

- I have taken several English courses.

- Sami has been to America and he has visited the North Pole.

- Rana has visited Syria .

- Salma has lived in Kuwait <u>for</u> eight months.

٣. نستعمل المضارع التام للتحدث عن فعل تكرر حدوثه في الماضي

- Maha has visited her mother *every day* <u>since</u> she went to hospital.

- We have played tennis together *every Saturday* <u>since</u> we met.

- I have visited Syria *several times*.

٤. نستعمل المضارع التام للتحدث أو للسؤال عن العدد و الكمية و طـول المـدة الزمنيـة و مـا تـم إنجازه حتى الآن.

- How many stories have you read?

- I have read five books.

صياغة زمن المضارع التام:

(التصريف الثالث) has/have + P.P. + الفاعل

I / You / We / They/ اسم جمع + have + P.P.

He / She / It / Tom / اسم مفرد + has + P.P.

الكلمات الدالة على المضارع التام **Time expressions:**

1. since (لدلالة على بداية الحدث) Since 2005. Since my last birthday.

2. for (لدلالة على طول المدة الزمنية) For ten years. For a week.

3. Just للتو/already مسبقا

4. Lately مؤخرا/ lastly مؤخرا/ at last/ recently حديثا

5. yet (حتى الآن) تستعمل في حالتي النفي و الاستفهام

6. so far/ up to now/ until now حتى الآن

7. this is the first time

8. ever أبدا/ never مطلقا

أمثلة:

1. We have worked for three days. (للدلالة على طول المدة الزمنية)
2. Ali has painted four windows since Tuesday. (للدلالة على ما تم إنجازه حتى الآن)
3. I have played the violin for ten years. (للدلالة على طول المدة الزمنية)
4. Linda has lived in London since 1989 (للدلالة على بداية المدة الزمنية)
5. Sami has just finished his work. (للدلالة على فعل حدث مؤخرا أو حديثا)
6. Maha has already finished her homework. (للدلالة على فعل حدث مؤخرا أو حديثا)
7. She has written three letters. (للتحدث عن العدد أو الكمية)

Since & For

تستعمل مع بداية المدة /بداية حدوث الفعل منذ since	للدلالة على طول المدة for المدة الزمنية
since 2 o'clock	for a moment/ for a long time
since Monday/ June	for 3 minutes
since yesterday	for an hour
since last night	for many hours
since last week/last month/last year	for 3 days/ 6 weeks/ 4 months
since 1999	for a year/ a century
since last century	for 10 years
since she came	for a long time

ملاحظات:

نستعمل since قبل كلمة last و كلمة end

1. Since last week
2. Since last month
3. Since the end of the war over five thousand prisoners have been released.
4. I haven't heard from him since last January.
5. Since the end of the war.
6. Since the end of the season.

تكوين الأسئلة في زمن المضارع التام

لتكوين أسئلة في زمن المضارع التام نضع Has/Have قبل الفاعل.

1. Have you had your dinner yet?
2. Has Ali studied for his English exam?
3. Has Ali been to New York?
4. Has the plane from UK arrived yet?
5. Have you visited New York?
6. Has Tareq arrived yet?

لتكوين النفي في زمن المضارع التام نضع not بعد has/have .

1. I have not played tennis since last month.
2. Rami has not had his supper طعام العشاء yet.
3. The police haven't caught the thief yet.
4. We haven't been on holiday since 1999.
5. They haven't visited their aunt since 1998.

Exercises تمارين

Write the verbs in brackets in the correct form.

اكتب الأفعال التي بين الأقواس بالصيغة الصحيحة.

1. The shop just (open) ____________________ .
2. (you ever ride) ____________________ a horse?
3. The post (not come) ____________________ yet.
4. This is the first time Ahmad (drive) ____________________ a car.
5. We (have) ____________________ two tests so far.
6. I (know) ____________________ Salwa for ten years.
7. Rana (be) ______________ here since June.
8. Could you help me, please? I (cut) ____________________ my arm and it is badly bleeding.
9. Ahmad (experience) ____________________ financial problems since last year.
10. I (not see) ____________________ him since June.

Answers الإجابات

1.has just opened 2. have you ever ridden 3.hasn't come 4. has driven 5.have had 6.have known 7.has been 8.have cut 9.has experienced 12.haven't seen

٨- زمن المضارع التام المستمر

The Present Perfect Continuous Tense:

صياغة زمن المضارع التام المستمر:

S+ has/ have been + Present Participle (v + ing)

He / she / it / أي فاعل مفرد + has been + Present Participle (v + ing)

I / we / they / you / أي فاعل جمع + have been + Present Participle (v + ing)

أمثلة:

Ali is very tired. He's been working very hard.

<u>Hani has been</u> to the gym every day since November.

I haven't <u>been doing</u> my homework recently.

الكلمات الدالة على زمن المضارع التام المستمر Time expressions:

1. since منذ

2. for

3. how long كم طول المدة

4. all *the morning/ at the evening*

5. recently حديثا، مؤخرا

6. lately حديثا

7. at last أخيرا

استعمال زمن المضارع التام المستمر:

١. للتحدث عن نشاطات مستمرة أو متكررة بدأت في الماضي و لم تنتهي بعد

77

أمثلة:

1- *I have been painting* this house <u>since</u> 8 o'clock today.

3- *I have been studying* English <u>for</u> six years. (حتى الآن مضى ٦ سنوات على بدء دراسته للغة الإنجليزية)

4- *Rana has been sleeping* <u>since</u> 2 o'clock.

5- *It has been raining* <u>since</u> yesterday.

6- *They have been swimming* <u>for</u> two hours.

٢. للتحدث عن نشاطات حدثت في الماضي القريب و آثارها موجودة في الحاضر

أمثلة:

A: Why do you look exhausted مرهقا?

B: Because *I have been working* <u>for</u> 10 hours.

A: Why is Ali all covered in paint?

B: Because *he has been painting* his house.

○*I've been reading* all night. (That's why I'm so sleepy now.)

٣ .نستعمل زمن المضارع التام المستمر للتحدث عن نشاط متكرر في الماضي.

أمثلة:

- I have been getting up early all this week.
- Linda has been practicing all this month.

٤. نستعمل زمن المضارع التام المستمر للتحدث عن نشاط استمر منذ مدة طويلة في الماضي حتى الوقت الحاضر.

أمثلة:

I have been studying English language since 2006.
It has been raining for a week now.

ملاحظات:

١. لتكوين السؤال في زمن المضارع التام المستمر نضع (Has/Have) قبل الفاعل.

أمثلة:

Has Ahmad been living in Amman since 1980?

Have they been eating oranges?

Have you been working all night?

٢. لتكوين النفي في زمن المضارع التام المستمر، نضع كلمة (not) بعد الأفعال (have/has) مباشرة.

أمثلة:

I have not been running.

Rana has not been cleaning the kitchen.

٣. عندما نسأل بـ How long فإننا نستعمل صيغة المضارع التام المستمر.

a. How long has your dad been driving a taxi?

b. How long have you been doing your homework?

Exercises تمارين

Put the verbs in the brackets in the correct form.

ضع الأفعال التي بين الأقواس بالصيغة الصحيحة.

1) Samia (sit) ____________________ here since seven o'clock.

2) We (learn) ____________________ English for six months.

3) They (study) ____________________ for the exam for three hours.

4) You (live) ____________________ in Amman since 1991.

5) It (snow) ____________________ all day.

6) Rami (wait) ____________________ for an hour to catch a bus.

7) Maha (study) ____________________ in England since 1999.

8) Do you see the people on the hill? They (wave) ____________________ for half an hour.

Answers الإجابات

1-has been sitting 2-have been learning 3- have been studying 4- have been living 5-has been snowing 6-has been waiting 7- has been studying 8-have been waving.

المضارع التام المستمر للأنشطة التي انتهت منذ مدة قريبة في الماضي و لها آثار في الوقت الحاضر.

Complete the sentences with the correct phrase from the box.

أكمل الجمل بالعبارة الصحيحة من الصندوق.

He (work) all day.	They (run) for a bus.	She (not take) her medicine.
She (not eat) very much.	He (not do) his homework.	He (write) to his mother

1. Ali looks tired. He's been working all day.
2. Yousof looks happy. He's been writing to his mother.
3. Salwa looks ill again. She hasn't been taking her medicine.
4. Ali and Sami look out of breath. They have been running for a bus.
5. Mariam looks a bit thin. She hasn't been eating very much.
6. Ahmad's doing badly at school. He hasn't been doing his homework.

المضارع التام و المضارع التام المستمر

Present perfect and present perfect continuous

ملاحظات:

١. يستعمل زمن المضارع التام المستمر للسؤال عن السبب عند وجود النتيجة.

٢. نستعمل زمن المضارع التام للتحدث عن الإنجازات و ما تم إنهائه.

٣.الأفعال stop و start و sell أفعال منتهية ولا تأتي في حالة الاستمرار.

٤. الفعل won (فاز) فعل يدل على الإنجاز أي فعل منتهي ولا يأتي في حالة الاستمرارية.

٥. وجود كلمات المقارنة في بعض الجمل مثل more و fewer يدل على أن الفعل في حالة الاستمرار لذا نستعمل صيغة المضارع التام المستمر.

٩. زمن المستقبل البسيط

The Future Simple Tense

استعمال زمن المستقبل البسيط:

١) لتحدث عن فعل متوقع حدوثه في المستقبل.

٢) ليدل على اتخاذ قرار بالقيام بعمل ما في وقت الكلام.

صياغة زمن المستقبل البسيط:

فعل مجرد + will/shall + الفاعل

He/ She/ It فاعل مفرد + will + فعل مجرد

I / We/ They/ + shall /will + فعل مجرد

Shall ندر استخدامها في الإنجليزية الحديثة وقد حلت will بدلا منها مع جميع الضمائر.

الكلمات الدالة على زمن المستقبل البسيط *Time expressions*:

1. tomorrow غدا

2. next….

3. in the future في المستقبل

4. in 2025

5. soon قريبا

6. hope يأمل

7. expect يتوقع

8. within خلال

9. after + time

أمثلة:

1. I <u>will</u> go to school <u>tomorrow</u>.

2. They <u>will</u> play football <u>next Friday</u>.

3. Ahmad <u>will</u> join the army <u>in the future</u>.

4. There <u>will</u> be a football match <u>next week</u>.

5. My brother <u>will</u> buy a new car <u>next month</u>.

6. Ali <u>will</u> leave to Syria <u>next month</u>.

تكوين الأسئلة في زمن المستقبل البسيط:

Will +الفاعل +فعل مجرد +تكملة السؤال+؟

1.Will you come tomorrow?

2.Will our team play football match next week?

تكوين النفي في زمن المستقبل البسيط:

لتكوين النفي في زمن المستقبل البسيط نضيف not بعد will/ shall .

أمثلة:

1. They will come tomorrow.

   They will <u>not</u> come tomorrow.

2. We shall do the work next week

We shall not do the work next week

Exercise تمارين

Write the verbs in brackets in the correct form.

اكتب الأفعال التي بين الأقواس بالصيغة الصحيحة.

1. Amal (visit) _______________ Jordan next week.
2. I think you (do) _______________ well on your next exam.
3. There (be) _______________ football match next month.
4. Ahmad (buy) _______________ a new house next month.
5. We (travel) _______________ to Spain next summer.
6. Hani (buy) _______________ a new camera tomorrow.
7. Father (leave) _______________ for Syria next summer.
8. children (live) _______________ happily in the future.
9. He (study) _______________ English next semester.

Answers الإجابات

1. will visit, 2) will do, 3) will be, 4) will buy, 5) will travel, 6) will buy, , 7) will leave, 8) will live, 9) will study.

١٠. زمن المستقبل المستمر

Future Continuous Tense

استعمال زمن المستقبل المستمر:

لتحدث عن نشاط مستمر خلال وقت معين في المستقبل.

صياغة زمن المستقبل المستمر:

فاعل + will + be + فعل + ing)

1 2 3

الكلمات الدالة على زمن المستقبل المستمر **Time expressions:**

* نفس ظروف المستقبل البسيط مع تحديد وقت النشاط.

1. tomorrow
2. next….
3. in the future
4. in 2018
5. soon
6. hope
7. expect
8. within
9. after + time

أمثلة:

1. By 7.30 tomorrow, I will be flying to Lebanon.

2. They will be waiting for you at 5 o'clock.

3. By this time tomorrow, he will be doing his work.

4. I will be watching TV. at night.

Exercise تمرين

Write the verbs in brackets in the correct form.

اكتب الأفعال التي بين الأقواس بالصيغة الصحيحة.

1. Don't come tomorrow at 8 p.m. because I (study) ______________ for my exam from 3 to 10 p.m.
2. The tennis match begins at 7:30 and ends at 9:15 this evening. I (watch) ______________ the match at 8:30.
3. Next year at this time, I (do) ______________ exactly what I am doing now.
4. He ____________________ English fluently next July. (speak)

Answers الإجابات

1. will be studying, 2) will be watching, 3) will be doing 4) will be speaking .

١١. زمن المستقبل التام

Future Perfect Tense

يستخدم هذا الزمن للدلالة على انتهاء الفعل قبل وقت معين في المستقبل أو قبل حدوث فعل آخر في المستقبل.

صياغة زمن المستقبل التام:

فاعل + will have + التصريف الثالث للفعل.

1 2 3

أمثلة:

1. By 2:00 this afternoon, I will have finished my work.
2. At 10:00 tonight, she will have written five letters.
3. Next year they will have been married for 25 years

Exercise تمرين

Write the verbs in brackets in the correct form.

اكتب الأفعال التي بين الأقواس بالصيغة الصحيحة.

1. By the next time, I see you, I (graduate) ___________________.
2. By the time, we get to the airport, the plane (arrive) ___________________.
3. We have been married for a long time. By our next anniversary, we (be) ___________________ married for 15 years.
4. By tomorrow morning they (leave) ___________________ the country.
5. By the year 2018 people ___________ new sources of energy. (use)

Answers الإجابات

1) I will have graduated 2) will have arrived 3)will have been 4)will have left 5) will have used.

المبني للمعلوم و المبني للمجهول
Active and Passive voice

ما هو المبني للمعلوم Active voice؟

هو جملة مبدوءة بفاعل subject

She bought a book.

فاعل subject

ما هو المبني للمجهول passive voice؟

هو جملة مبدوءة بمفعول به object

The car was bought.

مفعول به subject

كيف نحول جملة معلومة Active إلى جملة مجهولة Passive؟

أولا: نكتب المفعول به في بداية الجملة .

ثانيا: نكتب احد أفعال To be الثمانية (be/is/am/are/was/were/been/being)

ثالثا: تحويل الفعل العادي الموجود في الجملة إلى صيغة التصريف الثالث Past Participle

رابعا: الفاعل إما أن يحذف خاصة إذا كان ضميرا أو اسما مبهما أو يكتب مسبوقا بحرف جر (by) إذا كان اسما صريحا.

ملاحظة: الفعل المساعد الموجود في الجملة يبقى كما هو مع تعديل طفيف إذا لزم الأمر (حسب المفرد أو الجمع) باستثناء (do/does/did) الذي يحذف.

87

كيف نستعمل فعل (to be) عند التحويل للمبني للمجهول؟

أولا: نستعمل **be** مع المصادر(bases) الواقعة بعد الأفعـال الشـكلية (shall/ will/ can/ may/ must) و بعد to و بعد زمن المستقبل البسيط.

أمثلة:

1. He will <u>buy</u> the car next month.

   The car will be bought next month.

2. You must <u>open</u> the new shop now.

   The new shop must be opened now.

3. Maha has to <u>clean</u> the room.

   The room has to be cleaned by Maha.

4. Ruba will <u>invite</u> Asma to the party.

   Asma will be invited to the party by Ruba.

5. The teacher is going to <u>explain</u> the lesson.

   The lesson is going to be explained by the teacher.

6. They might <u>sell</u> the goods before we arrive.

   The goods might be sold before we arrive.

7. They ought to <u>send</u> you a bill.

   You ought to be sent a bill.
   A bill ought to be sent <u>to you</u>.

<u>عند تقديم الشيء على الشخص نضع to قبل الشخص</u>

1. He could print the message on this machine.

   The message could be printed on this machine.

2. No one shall break the law.

   The law shall not be broken by anyone.

88

ثانيا: نستعمل (is/am/are) مع الفعل المضارع البسيط.

1. Our club holds meetings once a month.

   Meetings are held once a month (by our club)

2. Children play football daily.

   Football is played by children daily.

3. The manager gives clear orders.

   Clear orders are given by the manger.

4. Farmers don't grow rice in Jordan.

   Rice isn't grown in Jordan.

5. Does Nawal buy new dresses monthly?

   Are new dresses bought by Nawal monthly?

6. Lana sees me daily.

   I am seen by Lana daily.

ثالثا: نستعمل (was/were) مع الفعل الماضي البسيط.

1. Someone <u>stole</u> my car yesterday.

   My car was stolen yesterday.

2. Nobody <u>asked</u> you to come.

   You weren't asked to come.

3. He builder <u>built</u> the house in 1980.

   The house was built in 1980.

4. The earthquake <u>killed</u> five people and destroyed several houses.

   Five people were killed and several houses were destroyed by the earthquake.

5. Why <u>didn't</u> they mend the roof before it fell in?

   Why wasn't the roof mended before it fell in?

89

رابعا: نستعمل been مع التصريف الثالث الواقع بعد have/has/had (زمن المضارع التام و الماضي التام).

1. He has drunk the milk.

   The milk has been drunk.

2. Omar has bought two shirts.

   Two shirts have been bought by Omar.

3. The burglars had cut an enormous hole in the steel door.

   An enormous hole had been cut in the door by the burglars.

4. The authors have written a special edition for children.

   A special edition for children has been written by the authors.

خامسا: نستعمل being مع صيغة ing-(زمن المضارع المستمر و الماضي المستمر)

1. He is writing a letter now.

   A letter is being written now.

2. People are spending more money on food.

   More money is being spent on food.

3. He was writing some letters.

   Some letters were being written.

4. The lawyers were giving him the details of the will.

   The details of the will were being given.

ملاحظات هامة جدا:

١. أحيانا توجد جملتان في المبني للمعلوم فتحولان إلى المبني للمجهول.

Ahmad told me that a thief had stolen his car. (Active)

I was told that Ahmad's car had been stolen. (Passive)

٢. عند وجود does not/ do not تحذف و نستعمل بدلا منها (is not / am not / are not حسب المفعول به) ثم نحول الفعل إلى التصريف الثالث.

Girls do not play football. (Active)

Football is not played by girls. (Passive)

٣. عند وجود did not احذفها و استعمل was not / were not (حسب المفعول به) ثم حول الفعل
إلى التصريف الثالث.

He did not hang the picture over the mirror. (Active)

The picture was not hung over the mirror. (Passive)

٤. إذا كان الفعل منفيا حول الجملة إلى المبني للمجهول حسب الشرح السابق وضع (not) بعده.

We shall not do it tomorrow. (Active)

It will not be done tomorrow. (Passive)

She is not milking the cow now. (Active)

The cow is not being milked now. (Passive)

He has not solved the problem yet (active)

The problem has not been solved yet. (Passive)

٥. إذا بدأ السؤال بأداة استفهامية استعمل نفس الأداة في المبني للمجهول.

Where do we find oil? (Active)

Where is oil found? (Passive)

٦. إذا احتوى السؤال على did قبل الفاعل, احذفها و استعمل was, were ثم ضع المفعول به و
طبعا لا تنسى تحويل الفعل إلى التصريف الثالث.

Did he do the work carefully?

Was the work done carefully?

٧. إذا احتوى السؤال على فعل ناقص مثل must, will, can يستعمل كما هو قبل المفعول به ثم
نضيف be بعد المفعول به.

How can I open this box? (Active)

How can this box be opened? (Passive)

91

٨. إذا احتوى السؤال على احد أفعال to be تتبعه صيغة الـ ing استعمل هـذه الأفعـال (حسـب المفعول به) في بداية السؤال ضع بعده المفعول به ثم أضف being.

<u>Are</u> they ma<u>k</u>ing a new plan now? (Active)

<u>Is</u> a new plan being made now? (Passive)

٩. إذا احتوى السؤال على has, have يتبعه التصريف الثالث, استعمل has, have ثم ضع المفعول به و أضف been و استعمل التصريف الثالث نفسه.

Where have they left your luggage? (Active)

Where has your luggage been left? (Passive)

١٠. حول who إلى by whom و ضع فعل الكينونة في نفس زمن الفعل المعلـوم و مطابقـا للمفعـول من حيث المفرد و الجمع ثم اذكر المفعول به و حول الفعل إلى التصريف الثالث.

Who wrote this letter? (Active)

By whom was this letter written? (Passive)

Exercises   تمارين

Change the following sentences into the passive voice:

حول الجمل التالية إلى المبني المجهول.

1. Ahmad will read the story today.

   The story _____

2. The police are asking the men about the bank robbery .

   The men _____

3. Ali is going to modify the plan.

The plan _____

4. He could have passed the exams.

The exams _____

5. He is going to meet Linda and Salwa.

Linda and Salwa _____

6. She had brought three book.

three books _____

7. He had done his home work.

His homework _____

8. Do they play football every day?

Is _____

9. How much will he pay you?

How much will you _____

10. Somebody paid Sami 250 $.

Sami _____

11. She asked me some questions.

I _____

Change the following sentences into the passive voice.

حول الجمل التالية إلى المبني المجهول.

1. Can you reach that theatre ?

_____

2. Close all the windows.

_____

3. Have they questioned her yet?

_____

4. He will not send it next week.

_____

5. How do people learn foreign languages?

_____

93

6. How much will he pay you?

____

7. Laila cleans the room daily.______________________________

8. May you explain this question again?

____

9. Nobody told me that Sara was ill.

____

10. They asked me some difficult questions at the meeting.

____

11. They did not give her the cards.

____

12. They have built a new house near the school .

____

13. We must not throw garbage here.

____

14.Where do they sell mobile cards?

____

Exercises تمارين

Change these sentences into passive voice.

حول الجمل التالية إلى المبني للمجهول.

1. People use boats مراكب/ زوارق for travelling.

____

2. I know his address.

____

3. They make these cars in Japan.

____

4. She drew a large map of Asia.

____

5. I have lost the key of the door.

_____

6. Someone put the kettle on the fire.

_____

7. He shut the door noisily.

_____

8. You ought to sing the paper.

_____

9. The apple was with the knife.

_____

10. They import tea from India.

_____

11. They called this river the Tigris.

_____

12. Someone left the light on that night.

_____

13. They washed the fruit and ate it.

_____

14. He beat the horse hard.

_____

15. They needn't stop the work.

_____

16. He shot two birds.

_____

الإجابات Answers

1. Boats are used for travelling .
2. His address is known .
3. These cars are made in Japan.
4. A large map of Asia was drawn.
5. The key of the door had been lost.
6. The kettle was put on the fire.
7. The door was shut noisily.

95

8. The paper ought to be sung.

9. She cut the apple with the knife.

10. Tea is imported from India.

11. This river was called the Tigris.

12. The light was left on that night.

13. The fruit was washed and ate.

14. The horse is beaten hard.

15. The work isn't needed to stop.

16. Two birds were shot.

كيف نحول جملة مجهولة Passive إلى جملة معلومة Active؟
تكملة الجملة مفعول به + فعل + فاعل

١. نكتب الفاعل.

٢. نكتب الفعل بعد أن

a. نحذف منه فعل (to be) الذي بعده تصريف ثالث.

b. نعيد التصريف الثالث إلى نفس صيغة و زمن فعل to be الذي حذفناه.

٣. نكتب المفعول به.

٤. نكمل الجملة مع تغير ما يلزم.

أمثلة:

1. The letter was signed by Mr. Rami.

   Mr. Rami signed the letter.

2. Many new schools are now being built.

   The ministry is now building many new schools.

3. A new car will be bought.

He will buy a new car.

4. Tea is drunk every morning.

Dad drinks milk every morning.

5. Cola was drunk yesterday.

Linda drank cola yesterday.

6. English language will be studied next year.

Ahmad will study English language next year.

7. Spanish is being spoken fluently.

Khalid is speaking Spanish fluently.

8. The children have been fed already.

The nurse has already fed the children.

9. The patients had been welcomed before you came.

We had welcomed the patients before you came.

Exercise تمرين

Turn the following sentences into Active voice .

حول الجمل التالية إلى المبني للمعلوم.

1. Someone will have to be found to do her job.

They ______________________________

2. This car hasn't been bought.

No one ______________________________

3. The mall is being guarded by police.

The police _____

4. Each young person is expected to participate in the festival.

We _____

5. Stamps are being bought .

The boys _____

6. The results of the research must not be left unexplained.

The teacher _____

7. The passengers are expected to arrive soon.

We _____ .

8. The letter was not written in ink .

Ali _____ .

الإجابات Answers

1. They will have to find someone to do her job.

2. No one has bought this car.

3. The police is guarding the mall.

4. We expect each young person to participate in the festivals .

5. The boys are buying stamps.

6. The teacher must not leave the results of the research un explained.

7. We expect the passengers to arrive soon

Ali didn't write the letter in ink.

الإنشاء Composition

١ كلمات   ٢ جمل   ٣ فقرات   ٤ موضوع

يستخدم الطالب الكلمات التي يعرفها لتكوين الجمل و من الجمل تتكون الفقـرات paragraphs و مـن الفقرات يتكون لدينا الموضوع subject.

ما هي شروط الجملة the sentence؟

<u>يجب أن يتكون في كل جملة شرطان أساسيان و هما:</u>

١. الفاعل وهو إما اسم أو ضمير.

٢. الفعل

Ahmad <u>slept</u>.

He <u>played</u> football.

The woman <u>ate</u> an apple

و قد يكون هناك تكملة للجملة complement وهذه التكملة قد تكون:

أ. ظرفا adverb:

Ali came <u>quickly to school yesterday</u>

ب. مفعولا به object :

He bought <u>a house</u>

ج. صفة adjective:

She is <u>thin</u> and <u>beautiful.</u>

د. أسما noun :

Huda is a <u>doctor</u>

هـ ـ مصدرا infinitive:

Maha wants <u>to eat</u>

و. مجموعة ما ذكر:

He bought <u>a new computer last week to use</u> it in his work.

شروط الفقرة

١. كل فقرة يجب أن تحتوي على فكرة رئيسية واحدة .

٢. كل فقرة تحتوي على جملة رئيسية واحدة تسمى topic sentence محتوية على الفكرة الرئيسية.

٣. <u>عادة تكون الجملة الرئيسية في بداية الفقرة</u>

٤. تكون الجملة الرئيسية قابلة للشرح و التفسير .

٥. تكون جميع الجمل في الفقرة شرحا و توضيحا و تفسيرا و للجملة الرئيسية .

٦. تكون جمل الفقرة مربوطة مع بعضها البعض بأدوات ربط و تكون الفقرات مربوطة مع بعضها البعض باستخدام كلمات انتقالية transitional word

المثال رقم ١

Ahmad and the University

There are three reasons why Ahmad is not going to university.

Firstly, his father is dead and if he went to university, his mother would be left alone. She has few friends, but they do not live near. *Besides*, she doesn't have a car to take her to visit her friends.

Secondly, his family is very poor. He has four young brothers and 3 sisters, but they are still at school. They need much money, so he feels that he should work and get money to help his poor family.

Finally, he has found a good job in a company near his home. This job will give him a lot of money. _Moreover_, it will help him have a good place among the people of his city.

For these reasons, Ahmad is going to take the job and stay near home although he likes going to university very much.

المثال رقم ٢

عندما تصف الناس يجب أن يكون إنشاؤك منظم بطريقة جيدة كما يلي:
١. يجب أن يحتوي الإنشاء على فقرة افتتاحية بحيث تقوم بوضع نظرة عامة عن (اسم الشخص و الوقت و المكان الذي قابلته به).
٢. يجب أن يحتوي الموضوع على فقرتين أو أكثر تصف بهما المظهر الخارجي للشخص و شخصيته و هواياته و اهتماماته و نشاطاته اليومية.
٣. يجب أن يحتوي الموضوع على فقرة ختامية يلخص بها الطالب شعوره عن الشخص الذي وصفه.
٤. يجب أن تحتوي كل فقرة على فكرة جديد.
٥. يجب أن تكون الفقرة مرتبة و متماسكة باستعمال مجموعة من كلمات الربط.

Describing a school friend of yours

I have known Maha since my first day at school, when we were only five, I can remember her smiling face as the teacher, Mrs. Layla, asked me to share the same desk with her.

Maha is quite short and slim, she has got a round face with beautiful almond (لـوز/شـكل لوزي –) shaped eyes and a slightly upturned (مرتفع إلى الأعلى)nose, she prefers comfortable clothes and can often be seen wearing a blue jumper (سترة/كنـزه نسـائية), a pair of jeans or trainers (بدلـه رياضة).

Although Maha is quite reserved (متحفظ), she is a kind person who will listen to your problems and try to help you, she is also quite active and enjoys outdoor activities.

One of Maha's favourite hobbies is cycling, she also enjoys reading people's horoscopes and trying to predict what will happen in the future. Maha likes going to the cinema and is especially fond of adventures films.

Over the years, I have shared many good times with Maha she has been one of my best and most trusted friends, I feel fortunate (سعيد/محظوظ)to have met her.

نقاط يجب عليك تذكرها

١. عندما نقوم بوصف المظهر الخارجي يجب عليك أن تعطي التفاصيل حسب الترتيب التالي:

1. height الارتفاع

2. build البنية

3. age العمر

4. facial الوجه

5. features ملامح

6. hair الشعر

7. clothes الملابس

يجب الانتقال من الصفات العامة إلى الصفات الأكثر دقة أو تحديدا .

مثال:

Rana is a tall, thin woman, she is twenty five , she wears her long blond loose (حر/غير ممشط) hair, she is often casually dressed in a T-shirt and jeans.

١. عندما تقوم بوصف الشخصية و السلوك، قم بدعم وصفك بالأمثلة :

Tariq is very reserved. He never talks about his feeling.

٢. إذا أردت التحدث عن الصفات السلبية فيفضل استعمال لغة معتدلة مثل:

'He can be aggressive at times' أحيانا يكون عدائي

وهذا أفضل من قولك:

'He is aggressive' إنه عدواني

*يكثر وصف الأشخاص في الرسائل و القطع .

Exercise تمرين

Write a short story of about 180 words ending with this sentence: *Sami knew he was saved.*

It was already nearly six o'clock, and darkness was falling, although Sami was quite high up (أعلى/ فوق) the mountain, he couldn't see very far. The mist (ضـباب رقيـق)was getting thicker all the time, and the rain was coming down harder.

He couldn't understand where he had gone wrong. When he had set out that morning, the weather had been fine. Halfway through the morning, he had decided to take a short cut across the mountain. Now, as he sat down to look at the map , he realized that he must have taken the wrong path. He had no idea where he was , he stood up, feeling the cold rain trickling (تقطير/تقطر) down his back, and set off down the side of the mountain.

Two hours later, it was completely dark. As he stumbled (زل/تعـثر)and fell, Sami knew he was really lost and began to wonder whether he would ever get back alive. Exhausted (منهك/مرهق), he finally collapsed (انهار)beside a large rock.

Sometime later, he heard what sounded like a car engine. He hurried towards it and soon found himself on a rough (قاسي/وعر/خشـن)track. He turned his head, and in the distance saw the car's headlights coming towards him. Sami knew he was saved.

كتابة التقارير
Report writing

<u>Layout</u>

مخطط تمهيدي

<u>يتكون التقرير من خمسة أجزاء كما يلي:</u>

1. Heading   العنوان

To: إلى

From: من

Date: التاريخ

Subject: الموضوع

2. General Description   وصف عام

قدم التقرير موضحا هدفك منه و وصفا عاما للمكان.

Aqaba is a modern city in the south of Jordan. The object of this report is to...

العقبة مدينة عصرية تقع في جنوب الأردن.

إن الهدف من هذا التقرير هو ....

3. List of good points   قائمة بالنقاط الإيجابية

ضع قائمة بالنقاط الإيجابية.

105

ضع قائمة بالأشياء التي تعتقد أنها جيدة فيما يخص المكان.

There are several good things about.....

يوجد العديد من الأمور الإيجابية فيما يتعلق بـ....

a) It has got...... إنه يحتوي على...

b) It also has.... إن لديه أيضا

4. List of bad points قائمة بالنقاط السلبية

ضع قائمة بانتقاداتك للمكان.

On the other hand, I find these things disappointing مخيبة :

من ناحية أخرى فإنني أجد هذه الأمور مخيبة:

a) There are not enough .... لا يوجد كفاية من

b) Another thing is the.... .... شيء آخر هو أن

5. Conclusion النتيجة

انهي التقرير بعمل اقتراحات.

The council need to do something to .....They should....

يحتاج المجلس لعمل شيء ما من أجل ...... يجب عليهم أن.......

Useful Vocabulary مفردات مفيدة

1. Positive adjectives صفات إيجابية

cheap رخيص

clean نظيف

easy سهل

free مجاني

frequent دائم/متكرر

good جيد

punctual دقيق

2. Negative adjectives صفات سلبية

bad سيء

damaged تالف/ متضرر

dangerous خطر/ وخيم

dirty متسخ

expensive غالي

inefficient ضعيف /عاجز

polluted ملوث

3. Nouns أسماء

accident حادث

bicycle track مسار الدراجة

bus fares أجور الحافلة

bus service خدمة الحافلة

bypass طريق جانبي

car park موقف سيارة

lorries شاحنات

old buildings مباني قديمة

pedestrian area منطقة مشاة

public transport مواصلات عامة

shopping centre مركز تسوق

traffic jam أزمة مرور

traffic lights إشارات ضوئية

train serviceخدمة القطارات

zebra crossing خط العبور

Linking words كلمات الربط

1. To list ideas لإدراج/تدوين الأفكار

also كذلك/أيضا

and و

in addition أيضا\بالإضافة إلى ذلك

plus إضافي\و

too أيضا

أمثلة:

The old roads are dirty ***and*** damaged.

The old roads are dirty. Some of them are damaged ***too***.

The old roads are dirty. Some of them are ***also*** damaged.

2. To contrast ideas لمقارنة / مناقضة الأفكار

although مع أن\بالرغم من

but لكن

however على أية حال\كيفما

on the one hand من ناحية

on the other hand من ناحية أخرى

أمثلة:

The cars are cheap *but* not very frequent.

Although the cars are cheap, they are not very frequent.

On the one hand, the cars are cheap. *On the other hand*, they are not very frequent.

3. Checking التأكد من التقرير و مراجعته

4. Layout المخطط التمهيدي

تأكد! هل قمت بإتباع المخطط الذي بالأعلى؟

تأكد! هل يحتوي تقريرك على فقرات واضحة؟

5. Linking words كلمات الربط

هل قمت باستخدام كلمات ربط كالتي بالأعلى؟

6. Spelling التهجئة

استخدم القاموس لتأكد من تهجئة الكلمات التي لست متأكدا منها.

الرسائل الرسمية و الشخصية
Formal and informal letter

Formal letter الرسالة الرسمية

Layout

مخطط تمهيدي

تتكون الرسالة الرسمية من ثمانية أجزاء رئيسية :

١. عنوان المرسل (إبتداءا من التفاصيل إلى المعلومات العامة)

التاريخ

مثال:

P.O. Box: 3823

Amman

Jordan

Sunday, 7th February 2010

٢. اسم المرسل إليه و عنوانه

٣. التحية

Dear Manager, (or Dear Sir/ Madam)

عزيزي المدير (أو عزيزي السيد/ السيدة)

٤. الفقرة الأولى

اكتب الغرض من الرسالة

I am writing to complain about your company product.

أنا اكتب للاعتراض بخصوص منتج شركتكم

٥. الفقرة الثانية

اكتب عن جزء من المشكلة.

First, your company products doesn't have the features announced in your advertisement ....

أولا، إن منتجات شركتكم لا تحتوي على الميزات التي أعلنتم عنها.

٦. خاتمة رسمية

I look forward to hearing from you and solve my problem.

أتطلع بشوق لقراءة ردكم و أن أتمكن من الحصول على حل لمشكلتي.

Yours faithfully,

المخلص لكم ،

Your signature

توقيع المرسل

Print your name clearly

إطبع اسمك بوضوح

مثال:

P.O.Box: 151011

   Amman

   Jordan

   6 April 2010

The Manager

Tourist Information Center

3rd circle

Dear Sir/ Madam

111

I am writing to enquire about holiday accommodation in Aqaba.

I would be glad if you could send me details of cheap hotels and bed and breakfast accommodation near the coast , with a map of the city centre.

I look forward to hearing from you.

Yours faithfully
Hani Al-Khatieb

Hani Al-Khatieb

مفردات مفيدة
Useful Vocabulary

Environment البيئة:
air pollution تلوث الهواء
noise pollution الضوضاء
traffic pollution الازدحام المروري
water pollution تلوث المياه

Health الصحة :
asthma suffers مشاكل الربو
effects on children's health التأثير على صحة الأطفال
risk of diseases أخطار الأمراض
Leisure الفراغ/ الراحة :

cinema السينما

outdoor activities النشاطات الخارجية

sports centre المراكز الرياضية

youth club نوادي الشباب

Unemployment البطالة :

job opportunities فرص العمل

new jobs وظائف جديدة

training courses دورات تدريبية

Needs الحاجات :

medical center مركز صحي

new bus route خط باص جديد

park متنزه

road طريق

school مدرسة .

كلمات الربط: التقابل/ المناقضة Linking: Contrast

Contrast of two sentences: التضاد بين جملتين

113

Many people have been against the idea from the start. الكثير مـن النـاس كـانوا ضـد الفكـرة مـن البداية

Nevertheless, the government is.... ....و مع ذلك فإن الحكومة

..... the new airport will bring us industry and jobs. المطـار الجديـد سـيجلب لنـا الصـناعة و العمـل

However, in our opinion, it will damage... .... على أية حال، في رأينا، إنه سوف يدمر

.... the government, has promised more jobs. .لقد وعدت الحكومة بالمزيد مـن الوظـائف In spite of this, there are still ... ... رغم ذلك ما زال هناك

التضاد/ التقابل بين العبارات في نفس الجملة

although ,despite, in spite بالرغم من

Although the airport would bring tourists, I am not sure..... بالرغم أن المطار سوف يجلب السياح، أنا لست متأكد

Despite what the government says, it is clear that....... بالرغم مما تقوله الحكومة، فإن مـن الواضـح أن ....

Problems will increase in spite of the new hospital..... المشاكل سوف تـزداد بـالرغم مـن المستشـفى الجديد.......

<u>فحص /مراجعة</u>

<u>Checking</u>

<u>Style: الأسلوب</u>

هل تأكدت بأن رسالتك مطابقة للأسلوب الرسمي؟

تأكد أنك لم تقم بـ:

- استعمال الكلمات المختصرة مثل ....I'm / she's / don't
- استعمال المصطلحات العامية.
- استعمال المصطلحات العامية عند إعطاء الآراء.

<u>القواعد</u>: هل تأكدت من الأخطاء القواعدية.

الرسالة غير الرسمية (الشخصية)
An Informal Letter

Layout

مخطط تمهيدي/طريقة العرض

تتكون الرسالة غير الرسمية من خمسة أجزاء رئيسية :

1. Greeting التحية

Dear .... عزيزي

2. Introduction المقدمة

Say hello, ask a few personal questions and / or make a few chatty comments.

قل مرحبا، و اسأل بعض الأسئلة الشخصية و / أو قم بعمل بعض التعليقات اللطيفة.

How are you? Very well, I hope. I'm sure my baby sister remember you – she always smiles when I say your name!

3. State your main reason for writing اذكر الرئيسي لكتابتك.

Anyway, I'm writing to … على أية حال، أنا اكتب لـ ...

4. Finish the letter with an excuse to stop writing. إنهي رسالتك بعذر لتوقفك عن مواصلة كتابتك.

Well, I have to go now because …

حسنا، علي أن أذهب الآن لأن ...

5. Signing off الإنهاء/ الخاتمة

116

Say goodbye and sign your name.

قل وداعا و وقع اسمك.

See you soon أراك قريبا/ Write back soon أجب على رسالتي بسرعة/ Lots of love مع الكثير من الحب,

Useful Vocabulary

مفردات مفيدة

Presents الهدايا:

Book about Jordan, box of chocolates, ornament, perfume

Clothes الملابس:

Gloves, jeans, jumper, raincoat, shorts, suit, trainers

Places to go أماكن للذهاب إليها:

Art gallery, cinema, football match, gym, museum, park, restaurant

Linking كلمات الربط:

Addition لإضافة الأفكار: first , also, finally

Contrast لمناقضة الأفكار : but, however

Purpose لتوضيح الأهداف: so that

Example لإعطاء الأمثلة: such as, for example

Reasons لتوضيح الأسباب: as, because

Time لتوضيح الوقت : when, while

Beginning of a sentence بدأ الجملة: Anyway, Well, Right

فحص /مراجعة

Checking

هل قمت بتنظيم رسالتك بشكل صحيح؟ :طريقة الترتيب/ العرض Layout

Punctuation التنقيط :تأكد من استعمال النقاط و الحروف الكبيرة و الفواصل عند استعمال الاختصار.

Spelling التهجئة: استعمل القاموس للتأكد من الأخطاء الإملائية

Content المحتويات: هل قمت بالإجابة عن السؤال؟

المقالة الشخصية
Personal essay

<u>Layout</u>
مخطط تمهيدي

تتكون المقالة الشخصية من خمسة أجزاء :

1. Introduction المقدمة

<u>قم بعمل مقدمة للمقالة.</u> ابـدأ بـبعض المعلومـات الشخصـية أو بتقـديم خلفيـة تاريخيـة ذات علاقـة بالموضوع.

At the moment, I go to a great university in Amman. It's quite ....

في الوقت الحاضر، أذهب إلى جامعة عظيمة في عمان. إنها حقا...

2. Location and Facilities الموقع و مرافق

قل أين تقع الجامعة و قم بوصف أي مباني خاصة، و الغرف أو المنافع/ التسهيلات الأخرى.

My ideal university would be in Amman near a ...... There would be a coffee shop and ......

جامعتي المثالية سوف تكون في عمان بالقرب من .... سوف يكون هناك مقهى و ....

3. Timetable جدول المواعيد

تحدث عن أمور على جدول المواعيد، متضمنا الأمور الخاصة و أي أوقات أخرى لدى الطلاب.

Students would study all the essential subjects such as ...

119

سيدرس الطلاب كل المواضيع الأساسية مثل ....

However, there would be some new optional subjects, for example, computer skills …

على أية حال، سيكون هناك بعض المواضيع الجديدة الاختيارية، على سبيل المثال، مهارات الحاسوب

....

4. Extra – Curricular Activities نشاطات منهجية إضافية

اذكر المناهج التي يمكن أن يشارك بها الطلاب خارج وقت جدول المواعيد الرئيسي.

There would be many after-school clubs, such as….

سيكون هناك العديد من النوادي التي بعد الدوام المدرسي، مثل ....

5. Conclusion النتيجة

كتعليق نهائي، اختر ما تعتقد أنه أفضل شيء فيما يتعلق جامعتك.

To sum up, I think my university would have a good variety of activities – something for everyone.

كخلاصة، أعتقد أن جامعتي سيتوفر بها مجموعة جيدة من الأنشطة – شيء ما لكل شخص.

مفردات مفيدة

Location الموقع :

countryside الريف

downtown وسط المدينة

forest الغابة

park منتزه

village قرية

Facilities مرافق :

coffee shop مقهى

computer lab مختبر كمبيوتر

gymnasium مركز للألعاب الرياضية

library مكتبة

sports centre مركز رياضي

swimming pool بركة سباحة

theatre مسرح

Timetable جدول مواعيد :

free time وقت حر

optional subjects مـواد اختياريـة (cooking طـبخ , do-it-yourself قـم بهـا بنفسـك , computer skills مهارات الحاسوب ,self-defense الدفاع عن النفس)

traditional subjects مواضيع تقليدية (foreign language لغة أجنبية , geography جغرافية , history تـاريخ , literature أدب , Maths رياضيات , science علوم).

After university activities:

chess club نادي الشطرنج

computer club نادي الكمبيوتر

photography club نادي التصوير

school trips رحل مدرسية

swimming pool بركة سباحة

Linking كلمات الربط :

Addition لإضافة الأفكار: also, another thing, as well as, in addition, too.

Contrast لمناقضة الأفكار: but, however.

Example لإعطاء الأمثلة: for example, such as.

Purpose لتوضيح الهدف: in order to, so that.

Conclusion لإعطاء الاستنتاج أو الحكم النهائي: to sum up.

Checking

فحص /مراجعة

Introduction هل المقدمة تجلب انتباه القارئ؟ :المقدمة

Layout هل قمت بتنظيم الفقرات بناءا على الخطة؟ :مخطط تمهيدي

Linking هل استخدمت كلمات الربط بشكل جيد؟ :كلمات الربط

Punctuation تأكد من كتابتك للحروف الكبيرة، و الفواصل و النقاط. :ترقيم

رسائل تقديم الطلبات

A letter of application

مخطط تمهيدي

تتكون المقالة الشخصية من ثمانية أجزاء :

1. Your address

The date

اسمك و التاريخ

2. Name and address of the company

اسم و عنوان الشركة التي ستقدم لها الطلب

3. Greeting التحية

Dear Sir/ Madam, (إذا لم تكن تعرف أسمائهم)

Dear Mr./ Mrs./ Ms .... (إذا كنت تعرف أسمائهم)

4. ببساطة وضح أسباب كتابتك للطلب

I am writing to you with reference to .... اكتب لك فيما يتعلق بـ....

I am interested in applying for the job of.... .... أنا مهتم في التقديم لوظيفة

I enclose a copy of my CV. أرفق نسخة من سيرتي الذاتية.

5. اشرح لماذا أنت مهتم في الوظيفة

I would like to work for you because I am very interested in..... ارغب بالعمل لديكم لأنني مهتم جدا بـ...

I would also like to learn about .... ارغب أيضا أن اعرف عن ....

I feel that ... is extremely important. أشعر انه .. في غاية الأهمية.

6. أعطي أمثلة لتظهر ميزاتك الشخصية

I think I am a ...person. . ... اعتقد أنني شخص For example, I have .... على سبيل المثال، لدي ......

I also feel that I can ... اشعر أيضا أن بإمكاني/ finally, I am familiar with ... ... و أخيرا، أنا خبير بـ ...

7. اكتب عن مؤهلاتك و عن مهاراتك العملية

I think I would be a good primary teacher due to my teaching experience.

أعتقد أنني سأكون معلم مرحلة أساسية جيد بسبب خبرتي بالتدريس.

I am a competent ... أنا كفؤ بـ ... as I have completed a course in .... لأنني أنهيت دورة في

I am fluent in spoken and written .... أنا أتقن حديث و كتابة.......

In addition, I hold a certificate in ... بالإضافة إلى ذلك فأنا أحمل شهادة بـ ...

8. Formal ending نهاية رسمية

I look forward to hearing from you soon. أتطلع بشوق للسماع منك قريبا.

Yours sincerely,

المخلص لك، (عندما تكون تعرف اسم الشخص المرسل إليه)

Yours faithfully, المخلص لك، (عندما لا تعرف اسم الشخص المرسل إليه)

Your signature توقيعك

Print your name اطبع اسمك

مفردات مفيدة

Useful Vocabulary

Experience الخبرة:

holiday jobs أعمال في العطلة

participation in activities المشاركة في النشاطات.

voluntary work عمل تطوعي

Qualifications المؤهلات:

completed a course in .. ... أنهى دورة في

hold a certificate in ..., يحمل شهادة بـ...،

passed exams in ..., تجاوز اختبارات في ....

Reasons الأسباب:

creative مبدع

determined محدد

enthusiastic متحمس

find out about اكتشف/ اعرف عن

get experience الحصول على الخبرة

interested in مهتم بـ

learn about تعرف عن

Practical skills مهارات عملية:

Fluent in (language) متقن لـ (لغة)

driving license رخصة قيادة

cooking طبخ

Linking: Giving Reasons كلمات الربط: إعطاء الأسباب

I would like to work for you mainly *because* I am very interested in environmental issues, but also *due to* my interest in the problems caused by flooding.

I am familiar with problems of flood control, *since* I have lived all my life in a farm in England below sea level. I have a driving license and I am a competent mechanic *as* I have completed a two-year course of intensive classes.

Checking

فحص /مراجعة

Style الأسلوب:

هل قمت باستخدام الكلمات و التعابير الرسمية؟ لا تستخدم الاختصارات.

Grammar القواعد:

تأكد أن رسالتك خالية من الأخطاء القواعدية.

126

الجمل الشرطية
Conditionals /If clauses

الجمل الشرطية هي عبارات تقدم باستخدام if و حالاتها الرئيسية أربعة و هي تصنف حسب درجة احتمالية حدوثها:

١.الحالة صفر

٢. الحالة الأولى.

٣. الحالة الثانية.

٤. الحالة الثالثة.

الحالة صفر (الاحتمالية الصغرى)

تستخدم هذه الحالة لوصف القوانين و المواقف **التي يتبع فيها الفعل عادة فعل آخر.**

صياغة الجملة الشرطية الحالة صفر:

Present Simple	If + Present simple
جواب الشرط	**فعل الشرط**

في الجملة الشرطية الحالة صفر كلمة if تعني عندما(when)

أمثلة:

1) If you want to study in the USA, you have to pass the TOEFL exam.

2) If the sun shines, ice melts.

3) If Ahmad walks fast, he never comes late.

4) If you heat water, it boils.

5) If you eat a lot, you get fat.

الحالة الأولى (أحداث ممكنة الحصول)

تستخدم الجملة الشرطية الحالة الأولى كما يلي:

١. للتكلم عن أحداث مستقبلية ممكن وقوعها حيث تكون هذه الأحداث معتمـدة علـى أحـداث مستقبلية أخرى.

صياغة الجملة الشرطية الحالة الأولى :

If + فعل مضارع بسيط ⟶ will/won't/can/may/shall + to فعل مجرد بدون

فعل الشرط | جواب الشرط

أمثلة:

1. <u>If he asks</u> me, I <u>will answer</u>.

2. <u>If it rains</u> tomorrow, I <u>will stay</u> at home. (إذا أمطرت غدا، سأبقى في البيت)

3. <u>If you eat</u> too much, you <u>will become</u> fat.

4. I <u>can answer</u>, <u>if he asks</u> me. (في هذه الجملة تم تقديم جواب الشرط على فعل الشرط)

5. <u>If I pass</u> my exams, I'<u>ll go</u> on a long holiday.

6. <u>If we save</u> enough money, we <u>can go</u> on holiday.

٢. نستخدم الجملة الشرطية الحالة الأولى لإعطاء شخص نصيحة أو أمـر أو لعمـل اقـتراح أو رجـاء حيث تكون الصيغة كالتالي:

جواب الشرط	فعل الشرط
فعل أمر	If+ فعل مضارع بسيط

مثال:

<u>If you have</u> an exam, <u>make sure</u> to work hard.

128

ملاحظات:

unless (إلا إذا/ ما لم) و provided that (شريطة أن)

- في الجمل الشرطية **الحالة صفر و الحالة الأولى** أحيانا نستخدم بدلا من *if* فعل مضارع بسيط *unless +* لتكلم عن المضارع أو المستقبل ، و قد نستخدم *provided that* و تعني شريطة أن، كالتالي:

1.You don't get fit unless you exercise regularly.

(لن تصبح ذات لياقة ما لم تتدرب بانتظام).

2.She won't do well at English unless she studies harder.

3.Provided that you pass the exam, you can go with us to Aqaba.

4.Unless you pass the exam, you can't go with us to Aqaba.

5.If you don't pass the exam. You won't go with us to Aqaba.

- لاحظ أنه بعد *unless* لا يمكننا استخدام صيغة النفي(فعل منفي).

الحالة الثانية (أحداث مستحيلة أو من غير المحتمل وقوعها في الحاضر أو المستقبل)

صياغة الجملة الشرطية الحالة الثانية:

If + فعل ماضي ⟶ would/should/ could/might + to فعل مجرد بدون

فعل الشرط — جواب الشرط

استعمال الجمل الشرطية الحالة الثانية.

١. لتكلم عن أحداث خيالية أو مستحيلة أو من غير المحتمل حدوثها في المستقبل.

If I had enough money, I would love to travel around the world.

(الشرط هنا من غير المحتمل حدوثه و تشير الجملة إلى المستقبل).

٢.لتحدث عن موقف يستحيل حدوثه في الوقت الحاضر.

If they <u>were</u> older, they <u>could go</u> there on their own.

(هذا الموقف يستحيل حدوثه الآن و تشير الجملة إلى الوقت الحاضر).

ملاحظة:

• إن الفعل *be* يتحول إلى *were* في الجملة الشرطية الحالة الثانية و لا نستطيع استخدام *was* حتى لو كان الفاعل مفردا.

أمثلة:

If I <u>were</u> you, I would buy a new car.

If he <u>were</u> strong, he would carry this heavy suitcase.

الحالة الثالثة (مواقف غير حقيقية في الماضي)

نستخدم الجمل الشرطية الحالة الثالثة <u>للتكلم عن مواقف غير حقيقية في الماضي ولتخيل أشياء لم تحدث.</u>

صياغة الجمل الشرطية الحالة الثالثة:

If + had + تصريف ثالث	would have/should have/ could have/ might have+ تصريف ثالث
فعل الشرط	جواب الشرط

أمثلة:

1.If he <u>had lived</u> in Jerusalem, he <u>would have been</u> happy.

2.If I <u>had gone</u> yesterday, I <u>would have seen</u> him.

3.I <u>would have bought</u> it, if I <u>had had</u> enough money.

4.If he <u>had studied</u> well last year, he <u>wouldn't have failed</u>.

5.If I <u>had got</u> a good job, I <u>would have saved</u> more money.

130

Exercises تمارين

Put the verbs in brackets in the right form. Name each type.

ضع الأفعال التي بين الأقواس بالصيغة الصحيحة و اكتب اسم كل حالة.

1.If Anas didn't do very well, I'd (be) surprised.

2.If we go to Alexandria, we (visit) the museum.

3.If I watch that program, I always (get) angry.

4.If I (be) the headmaster, I (make) school holidays longer.

5.If I (have) a yacht, I (sail) around the Mediterranean البحر المتوسط .

6.If you (like) comedies الكوميديا, you (love) this film.

Answers الإجابات

1. I'd be surprised. (الحالة ٢) 2. We will visit.(الحالة ١) 3. I always get. (الحالة صفر) 4. were the headmaster, I would make school holidays longer. (الحالة ٢) 5. I had had a yacht, I would have sailed (الحالة ٣). 6. If you like comedies, you will love.(الحالة ١)

Put the verbs in brackets in the right form. Name each type.

ضع الأفعال التي بين الصيغة الصحيحة. أكتب أسم كل حالة.

1) If you (wait), the bus will come.

2) If I (meet) my friend, we would go to the garden.

3) If it (rain), I shall stay at home.

4) If you don't shut the window, we'll (catch) cold.

5) I (tell) you, if I had known.

6) You could do it if you (try).

7) If he (do) this, I shall be surprised.

8) If you (not get) a ticket, you can't get into the cinema.

9) If it had rained, the journey (be) more difficult.

10) You <u>will drop</u> it if you (not be) careful.

11) I would not <u>have caught</u> the latest bus if I (be) late.

Answers

1. wait (الحالة ١) 2. Met (الحالة ٢) 3. Rain (الحالة ١) 4. catch (الحالة ١) 5. I would have told you (الحالة ٣) 6. tried (الحالة ٢) 7. does (الحالة٢) 8. don't get (الحالة ١) 9. would have been (الحالة ٣) 10. don't be (الحالة ١). 11. had been (الحالة ٣).

Match each pair of the sentences.

صل كل زوج من الجمل التالية:

1- If I bought the book.	a)call the fire department.
2- If the bank is open,	b)he studies hard.
3- If I were a doctor,	c)I ask you that.
4- If it began to rain,	d)I will answer it.
5- He can pass the examination if	e)I will draw some money.
6- Will you buy me the book, if	f)I would like to read it.
7- If plants are watered,	g)I would treat poor people free.
8- If the telephone rings,	h)they grow.
9- If there is a fire,	i)we should go home.

Answers الإجابات

1.f 2.e 3.g 4.i 5. b 6. c 7.h 8. d 9. a

الكلام المنقول

Reported Speech

الكلام المباشر و غير المباشر Direct and indirect speech

نستخدم الكلام المنقول لكي يعلم المستمع أننا لا نقول أو نصرح برأينا الشخصي، وأننا نقوم بنقل أفكار أو كلام شخص آخر.

لتحويل جملة من الكلام المباشر <u>direct</u> إلى الكلام المنقول <u>reported</u> نتبع الخطوات التالية:

١ – نضع الاسم أو الضمير ثم فعل القول said

٢ – نضع أداة الربط that و يمكن الاستغناء عنها.

٣ – نحول الضمائر حسب المعنى و أهم هذه الضمائر:

I	He/ she
We	They
My	His/ her
Our	Their
You	Me/we

٤ – نحول الأزمنة كما يلي:

Direct Speech	Reported speech	مثال
المضارع البسيط	الماضي البسيط	'I am hungry'. She said (that) she was hungry.
المضارع المستمر	الماضي المستمر	' I am going home'. He said (that) he was going home.

133

المضارع التام	الماضي التام	'I have eaten it'. She said (that) she had eaten it.
المضارع التام المستمر	الماضي التام المستمر	'I have been studying for my English exam since yesterday'. He said (that) he had been studying for his English exam since the day before.
الماضي البسيط	الماضي التام	'I went out'. She said (that) she had gone out.
الماضي المستمر	الماضي التام المستمر	'I was going out'. She said (that) she had been going out.
الماضي التام	يبقى كما هو بدون تغير	'I had met her before'. She said (that) she had met her before.
المستقبل البسيط	المستقبل البسيط مع **would**	'I will go'. She said (that) she would go.
المستقبل المستمر	المستقبل المستمر مع **would**	'I will be eating'. She said (that) she would be eating.
المستقبل التام	المستقبل التام مع **would**	'I will have finished'. She said (that) she would have finished.
الجملة الشرطية الحالة الأولى	الجملة الشرطية الحالة الثانية	We'll go there if you want us to. They said they would go there if he wanted them to.

لاحظ أن الماضي التام و الجمل الشرطية الحالة الثانية و الثالثة لا يتغيروا في الكلام المنقول.

٥ – عندما تقوم بتحويل جملة تحتوي على أفعال شكلية (modals) فإن الفعل في الجملة لا يتغير.

I would play.

Yousef said he would play.

You should study more.

Hani said we should study more.

134

٦- يمكنا استعمال الأفعال التالي بدلا من 'said' :

admit يسلم بـ يعترف بـ يسمح بـ

point out يشير إلى

argue يتجادل ، يتنازع مع، يجادل

observe يلاحظ

answer يجيب

deny ينكر

protest يحتج، يعترض

reply يجيب

complain يشكو

promise يعد

remark يلاحظ، يقدم تعليق

ask يسأل

order يأمر

٧- نحول الكلمات الدالة على الزمان والمكان كما يلي:

now الآن	then حينئذ/ at that time
here هنا	there هناك
last night الليلة الماضية	the night before
this هذا	that ذاك
yesterday أمس	the day before

tomorrow غدا	the following day /the next day اليوم التالي
at the moment	at that moment
today	that day
last week	the week before/ the previous week
this morning	that morning
this afternoon	that afternoon
tonight	that evening
next week	the following week
next month	the following month
next….	the following …
in one hour	one hour later
in two days	two days later
last year	the previous year
last ….	the previous ….
ago	before
two days ago	two days before

أمثلة:

➤ Ali: I will meet you tomorrow.

Ali said (that) he would meet me the next day.

➤ Maha: I called you last night.

Maha said (that) she had called me the previous night.

لتحويل سؤال من مباشر direct إلى كلام منقول Reported نتبع الخطوات التالية:

١. نكتب مقدمـة مثـل (He asked me/ He wanted to know/ He wondered / He inquired) ولا نستعمل كلمة that.

136

٢. نكتب كلمة الاستفهام مثل (when, where, how, what....etc.) و في حالة عدم وجودها نستعمل (if) أو (whether).

٣. نكتب الفاعل.

٤. نكتب الفعل و نحذف منه (do/ does/ did) المستعملة للسؤال فقط.

٥. نكمل الجملة مع تغير ما يلزم.

٦. نضع نقطة بدلا من علامة الاستفهام إلا إذا كانت المقدمة على شكل سؤال.

أمثلة:

1. He said, why are you coming late today?

    He asked me why I was coming late that day.

2. Do you go to school?

    She asked them if they went to school.

3. Did you go to school?

    He asked us if we had gone to school.

4. Have you seen my brother?

    She asked him if he had seen her brother.

5. Where does she live?

    He wanted to know where she lived.

6. What are you doing, girls?

    The headmistress wanted to know what the girls were doing.

7. Do you have an anti-virus programme on your computer?

    He asked me if I had an anti-virus programme on my computer.

8. Do you know the correct answer?

The teacher asked Ali if he knew the correct answer.

9. Which car do you prefer?

He asked his sister which car she preferred.

10. Are you listening?

My friend asked me if I was listening.

11. Can you show me how you solve these problems?

My friend asked me if I could show him how I solved those problems.

12. When does the train leave?

He wanted to know when the train left.

13. Where do you come from?

She asked me where I came from.

14. Do you speak French?

He wanted to know if/ whether I spoke French.

Exercises تمارين

Write the following sentences in the indirect speech

اكتب الجمل التالية بصيغة الكلام المنقول.

1) Layla said ' I live in this house'.

2) Talal said ' this umbrella is mine'

3) He said to his son ' I will be pleased if you get high marks'

4) Tom said ' I am sorry I am late'.

5) Kamal said ' I went to the zoo last week'.

6) The man said ' we shall get our passport tomorrow'.

7) 'My son is ill today' the mother said to the doctor'.

8) The farmer said ' it has been raining since yesterday'.

9) Our teacher says to us, 'you are not working hard enough'.

10) 'I haven't done my homework yet' says Tom.

*حول فعل الأمر إلى مصدر (أي ضع to قبل فعل الأمر و لا تغيره).
أمثلة:

1) I said 'hurry up, Yousif'.

   I told Yousif to hurry up.

2) He said to his father, 'please let me go to the cinema tonight'.

*ملاحظة: don't make تصبح not to make.

Change these sentences to the reported speech.

حول الجمل التالية إلى الكلام المنقول.

1) Ahmad said to Talal 'lend me your dictionary today'.

2) Father said to Maha, 'shut down the door after you.'

3) He said to the man, 'what are you looking for'?

4) Huda say,' I prefer milk to tea.'

139

5) I said to him, ' clean it yourself'

6) I said to my friend, 'mind the steps'.

7) I said to the man, 'how much does the camera cost?'

8) I said, 'don't be so angry, Yousif.'

9) Mrs. John said to her son, 'take a look at yourself in the mirror.'

10) My mother said 'did you have your lunch yet'?

11) Selma said, ' I won't be long'

12) Suha said, 'may I have a look at these pictures'?

13) The boy said, 'our school was built last year.'

14) The officer said to the soldiers, 'carry out your guns at once.'

15) Yousif said, 'I may go to the club this evening'.

Change these sentences to the reported speech.

حول الجمل التالية إلى الكلام المنقول.

1) She said, 'Do you think it will rain? It is very cloudy'

2) Mother said, 'it is cold in here. Is the window open?'

3) Betty said, 'what time is it? my watch has stopped'

4) 'Write you name clearly at the top'. Tom said to me

5) The old woman said to the girl, 'why are you crying? Did you drop all the eggs'?

6) 'It was just an idea', he said forget it '.

7) 'Smell this food. Do you think it has gone bad? She said.

8) The girl said, 'may I take an apple? They look nice.'

9) I said to the farmer, 'these apples are green. Have you got any red ones'?

10) The lady said to the grocer, 'how many oranges are in that basket'? I want to buy them all.'

الأفعال المتبوعة بصيغة ing-أو فعل مسبوق بـ to
Verbs followed by –ing form or infinitive

من الضروري أن تعرف ما هي الأفعال التي يأتي بعدها صيغة الـ ing (فعل منتهي بـ ing) و مـا هـي الأفعال التي تتبع بصيغة الـ infinitive (فعل مسبوق بـ to).

لاحظ أنه من الممكن أن يأتي فعلين في نفس الجملة تعتمد صيغة كل منهما على الفعل الذي قبلهما.

He wants *to deny being* part of that group.

الأفعال التي تتبع بصيغة الـ ing:

1. admit يعترف

2. adore يوقر/ يهيم بـ

3. avoid يتجنب

4. can't stand لا يستطيع تحمل

5. consider يعتبر

6. defer يؤجل

7. delay يؤجل

8. deny ينكر

9. dislike يكره

10. enjoy يستمتع, يتلذذ

11. fancy يميل إلى، يحب

141

12. favor يفضل

13. finish ينهي

14. hate يكره

15. imagine يتخيل

16. include يتضمن

17. involve ينخرط بـ

18. like يحب

19. love يحب

20. mind يعترض

21. miss يفتقد

22. postpone يؤجل

23. practice يمارس

24. prefer يفضل

25. put off يؤجل

26. remember يتذكر

27. risk يجازف ,يخاطر

28. stop يوقف/يقف

29. suggest يقترح

30. try يحاول

1. Would you mind helping me with this?

2. He denied committing the crime.

3. I hate driving long distances.
4. She isn't interested in looking for a new job.
5. She adores skiing.
6. I adore going to the theatre.
7. If you want to lose weight, avoid eating between meals.
8. I can't stand hearing that noise.
9. We considered moving to Aqaba, but decided not to.
10. They deferred making the decision until their next meeting.
11. He enjoys playing tennis.
12. I finished reading the book two hours ago.

ملاحظة: الفعل الواقع بعد حرف جر يكون آخره ing- و يسمى gerund

أفعال يأتي بعدها مصدر بدون To (Base)

1 shall سوف 2 will سوف 3 can يستطيع 4 may لعل/يمكن 5 must يجب 6 do يقوم بـ/يفعل
7 let يدع 8 had better من الأفضل 9 would rather يفضل 10 would sooner

ملاحظة:

- make (في حالة المعلوم فقط يأتي بعدها مصدر بدون to أما في حالة المجهول فيأتي بعد make مصدر مسبوق بـ to.
- أفعال الحواس مثل see/ hear في حالة المعلوم فقط يأتي بعدها مصدر بدون (base) to أما في حالة المجهول فيأتي بعد أفعال الحواس مصدر مسبوقا بـ (to) علما بأن صيغة (ing -) يجوز استعمالها بعد أفعال الحواس في حالتي المعلوم و المجهول.

Exercise تمرين

Choose the correct verbs from the brackets.

اختر الأفعال الصحيحة من بين الأقواس.

1.You had better ________ a doctor. (seen/see/ to see/ seeing).

2.They let her ________ a flower. (pick/ picking / to pick/ picks).

3.We saw her _________ tennis. (to play/ plays/ played/ playing).

4.They made me _______ the form. (fill/ filling/ to fill/ fills).

5.She has been made ________ the form. (fill/ filling/ to fill/ fills).

6.She has been heard _________ at the party. (sing/ to sing/ sings/ sang).

Answers الإجابات

1.see 2.pick 3.playing 4. fill 5. to fill 6. to sing

الأفعال التالية يأتي بعدها مصدر مسبوق بـ (to) أو صيغة (-ing) بدون اختلاف في المعنى

1. begin (يبدأ)

2. start (يبدأ)

3. continue (يستمر)

4. like (يحب) 5. love (يحب)

6. hate (يكره)

7. intend (ينوي)

8. prefer (يفضل)

أفعال يأتي بعدها مصدر مسبوق بـ to أو صيغة ing- ولكن يكون هناك اختلاف في المعنى

1. stop
2. forget
3. remember
4. regret

1.

a.Stop يمتنع+ v +ing (إنهاء فعل أو حدث): We stop eating from dawn until sunset in Ramadan.

b.Stop (الغرض) يقف لكي+ infinitive : He was hungry, so he stopped near a restaurant to eat.

2.

a.forget// remember + to مصدر مسبوق بـ

تدل على معنى القيام بالواجب (duty) أي ما يجب على المرء عمله.

He always remembers to lock the door.

b.Regret/ remember/ forget + v +ing

I remember going to Petra in 1995. للدلالة على حدوث شيء في الماضي

c.Regret + to + verb للدلالة على معنى الإبلاغ عن خبر سيء

I regret to tell you that you lost your job.

d.Try + to مصدر مسبوق بـ (تدل على معنى بذل جهد)

try to learn English. أبذل جهدا في تعلم الإنجليزية

e.Try + -ing تدل على معنى القيام بتجربة

The room was too hot. So I tried turning on the fan. الغرفة كانت حـارة جـدا لـذا حـاولـت تشـغيل المروحة

أفعال يأتي بعدها فعل المجرد   The infinitive

● الفعل المجرد من الأفعال العادية هو التصريف الأول(present) مسبوقا بـ to :

To play, to eat, to swim, to sing

● الأفعال المجردة من الأفعال المساعدة هي أسماء مجموعـات الأفعـال المسـاعدة وهـي (be/do/have) مسبوقا بـ to

to be, to do, to have

أفعال يأتي بعدها مصدر مسبق بـ to) infinitive)

1. afford   يقدر على شراء، يتحمل
2. agree   يوافق
3. aim   يصوب، يهدف
4. appear   يظهر
5. arrange   يرتب
6. attempt   يحاول
7. choose   يختار
8. claim   يدعي
9. decide   يقرر
10. deserve   يستحق
11. expect   يتوقع
12. fail   يفشل
13. forget   ينسى

14.help يساعد

15. hope يأمل

16. learn يتعلم

17. manage يدير

18. need يحتاج

19.offer يعرض

20. plan يخطط

21.prefer يفضل

22. pretend يتظاهر

23.promise يعد

24.refuse يرفض

25. remember يتذكر

26. seem يبدو

27. teach يعلم

28. tend يتجه إلى، يعنى بـ

29. threaten يهدد

30. try يحاول

31.want يريد

32. would like يرغب بـ

أمثلة

1.She seems to have plenty of money

2.I like Salma but she tends to take too much.

3.Ali pretend not to see me as he passed me in the street.

4. Ahmad learned to play the guitar.

147

5. He threatened to tell my parents.

6. We agreed to discuss the problem in private.

ملاحظات:

١.يمكن أن يأتي الفعل المجرد فاعلا للجملة

To work hard is not easy.

٢.تتكون صيغة النفي لكلا الفعل المجرد و الأفعال المنتهية بـing باستعمال not:

He admitted not going to school regularly

He agreed not to continue this bad habit.

Exercises تمارين

Choose the correct verb from the brackets.

اختر الأفعال الصحيحة من بين الأقواس.

1) I agreed ………….. the car (buy- to buy- buying).

2) Sami aims ………….. his English (to improve- improving- improves).

3) I stopped ………….. when I felt tired (to read, reading, read).

4) Did you finish ………….. your homework? (do- did- doing).

5) Rawan learned ………….. food. (to cook- cooked- cooking).

6) Tom tried ………….. the tree. (climb- to climb- climbing).

7) Did you remember ………….. out lights? (put- to put- putting).

8) He stopped ………….. (cry- to cry- crying).

9) Ahmad went on ………….. until he slept (study- studying- studied).

10) Ali suggested ………….. Petra (visit- to visit- visiting).

Answers الإجابات

1to buy 2 to improve 3 reading 4 doing 5 to cook 6 to climb 7 to put 8 crying 9 studying 10 visiting

Exercises تمارين

Complete the sentences with the correct form of the verb in parentheses

أكمل الجمل باستخدام الصيغة الصحيحة للأفعال التي بين الأقواس.

1. Did you go ________ (dance) last Friday?
2. Do you enjoy ________ (watch) football?
3. Don't forget ________ (do) your homework tonight.
4. He advised me ________ a Fiat. (buy)
5. He denied ________ (commit) the crime.
6. I always remember ________ (turn) off all the light before I leave my house.
7. I can remember ________ (be) very proud and happy when I graduated.
8. I dislike ________ (drive) long distances.
9. I look forward to ________ (hear) from you.
10. My brother determined ________ .(pass)
11. She insisted on ________ (know) the whole truth.
12. She threatened ________ (tell) my parents.
13. She wishes ________ (come) with us.
14. The taxi driver refused ________ (take) a check.
15. They let me ________ (play) with them.
16. Wafa' told us ________ (not wait) for her.
17. We decided ________ (stay) at home.
18. When do you finish ________ (study)?

حروف الجر

Prepositions

حروف الجر في اللغة الإنجليزية كثيرة، وقد يكون للحرف الواحد عدة معاني و ذلك حسب استخدامه في الجملة.

يظهر حرف الجر العلاقة بين الفاعل و المفعول به و قد يدل نفس حرف الجر مرة على الزمان و مرة أخرى على المكان.

<u>on</u>

<u>مع الأيام والمناسبات:</u>

On Monday

<u>مع الأيام المصاحبة لأجزائها:</u>

On Friday morning

<u>مع التاريخ المصحوب باليوم :</u>

My birthday is on June 10

<u>مع أيام المناسبات :</u>

I will travel on the National Day

<u>تأتي بمعنى فوق:</u>

The tea is on the table

<u>in</u>

<u>بمعنى داخل (inside) :</u>

Put this book in the box.

مع الدول " بمعنى في بلد ما":

I live in Jordan

مع المدن أو الشوارع:

I live in Amman

في الفراش:

The baby is in bed

في منطقة أو مبنى :

Sami is sitting in his chair.

مع فصول السنة:

The trees grow in spring.

مع السنوات:

I was born in 1980

مع الشهور:

The test is in May

مع أجزاء اليوم:

I go to work in the morning.
I go home in the evening.

تأتي بمعنى في داخل:

He is in the mosque

at

مع أماكن محددة:

He lives at number 5, King Faisal Street

151

مع العمل و أماكن الدوام:

Ahmad is at work.

Linda is at school.

بمعنى على:

They are standing at the dinner table

مع المكان:

He is at the grocer's.

مع الوقت:

I will come back at 2 o'clock.

مع الأعياد و الاحتفالات:

I will meet you at the school festival.

مع أوقات الوجبات:

I will talk to my father at lunch.

مع نهاية الأسبوع:

We will travel at the weekend.

مع noon:

We pray at noon everyday

مع tonight :

We slept at night

under

بمعنى تحت:

The cat is under the table

in front of

بمعنى أمام:

The teacher is in front of the class.

to

بمعنى مكان أو اتجاه:

I go to school everyday

with مع

بمعنى بـ:

I write with a pen

from من

بمعنى من:

I am from Palestine

behind خلف

بمعنى خلف:

The wall is behind the class

between بين (اثنين أو شيئين)

بمعنى بين:

Linda is sitting between her mother and her father

among بين (أكثر من شيئين أو شيئين)

He felt lonely among all these armed people.

مزيدا من الأمثلة

at عند, بالقرب	: Sami is at the door.
in في	: the medicine is in the bottle.
near بالقرب من	:Ahmad is sitting near the window.
on على	: the knife is on the table.
between بين	:Our house is between the post office and the mosque.
opposite مقابل	:The bank is opposite to the post office.
into في, داخل	: The electrician كهربائي is putting his hand into the TV.
onto على	: the water is spelt onto the floor.
off من على	: The man is falling of the chair.
out of من فوق	:The child is falling out of the window.
across عبر، خلال	:We walked across the bridge.
over / above فوق، أعلى	: the light is over/above the table.
under/below تحت، أسفل	: the fire is under /below the stairs.
through عبر، خلال	: the ball is going through the window.
among وسط	: the teacher is sitting among the students.
round حول	: the car is gong round the tree.
in front of أمام	: the child is sitting in front of the TV.
behind خلف، وراء	: the headmaster is sitting behind the pupils.

on top of فوق، على : the sweets are on top of the table.

at the side of بجانب : the garage is at the side of the house.

along على طول : We walked along the road.

full of: مملوء بـ : The streets were full of people.

fill with: أملئ بـ : The room was filled with smoke.

between: بين : The child is sitting between his parents.

among: في وسط : We looked for the ball among the trees.

through: خلال (للمكان) : The boy is running through the grass.

during: أثناء (للزمان) : They swim every day during the summer.

أمثلة إضافية:

on his birthday: في يوم عيد ميلاده

on foot: مشيا على الأقدام

on bicycle: على الدراجة

by bus: بالباص

by car: بالسيارة

by train: بالقطار

by air: جوا

by sea: بحرا

by land: برا

afraid of: خائف من

kind to: شفوق على/ حنون على

covered with: مغطى بـ

angry with: غضبان على

wait for me: انتظرني

at home: في البيت

ملاحظات:

at half past ten, at six o'clock	حرف الجر مع الساعات هو *at* مثل:
on Saturday, on Friday	حرف الجر مع أيام الأسبوع هو *on* مثل:
in 1966, in May	حرف الجر مع الأشهر و السنين هو *in* مثل:

تمرين Exercise

Fill in the blanks with these prepositions (at, of, on, with for, in, to, by, between, through, during):

أكمل الفراغات باستخدام حروف الجر التي بين الأقواس.

1) He came ………. two o'clock ………. Friday.

2) The holiday begins ………. June.

3) They went to New York………. train.

4) The cup is full ………. milk.

5) Sami goes to school ………. bicycle.

6) Linda threw the ball ………. the window.

7) He's afraid ………. that dog.

8) Sunday comes ………. Saturday and Monday.

9) Please, wait ………. me.

10) Her father is kind ………. her.

11) The moon is shining ………. the window.

12) .... winter we sleep inside the rooms.

13) The land is covered .... green grass.

14) Look .... this picture.

15) Are you angry .... him?

16) I gave Salwa some books .... her birthday.

17) My brothers are .... home.

حروف جر أخرى و أمثلة:

accused of متهم بـ:

amazed at مندهش لـ

ashamed of :خجول من:

at a high price:بسعر عال

at dawn :عند الفجر

at first sight: من النظرة الأولى

at midday: في منتصف النهار

at midnight:في منتصف الليل

at noon: عند الظهر

at the age في عمر

at the back of على ظهر

at the end في النهاية

at the loss of :لخسارة

at the top of على قمة

bark at: ينبح على

beg for: أرجو, اطلب

by boat: بالزورق

by taxi: بالتاكسي

charged with: مهتم بـ

crowded with: مزدحم بـ

died of: ماتوا من

different from: مختلف عن

familiar with. مألوف بـ

famous for: مشهور بـ

fond of: مولع بـ

furnish with يؤثث بـ

He is clever at riding a bicycle. ... ذكي في / يجيد

He sold the horse for 50 pounds. باع بـ

He was guilty of stealing the money. مذنب بـ

heard of: سمعت بـ

I bought it for two-dinars اشتريتها بـ

I caught him by the arm. مسكته من ذراعه

in charge of مسئول عن

in ink بالحبر

in need to: بحاجة إلى

in search of: بحثا عن

in short of: تنقصه

in spite of: بالرغم من

in the center في منتصف

in the middle of: في وسط

instead of: بدلا من

laugh at: يضحكون على

leave for: يغادر إلى

make fun of: يهزؤون بـ

mock at: يسخر من

on horseback: على ظهر الحصان

on my way في طريقي

on the occasion بالمناسبة

on the radio في الراديو

on time في الوقت

pay for يدفع مقابل

pleased with: مسرور بـ

proud of: فخور بـ

responsible for: مسئول عن

revenge upon: ينتقمون من

159

search for يبحث عن

shake with يصافح

She is good at English. جيدة في

She'll knock at the door. ستطرق الباب

similar to مشابه لـ

smile at يبتسم لـ

sorry for: آسف لـ

spend on يصرف على

suffer from يقاسي من

suitable for: ملائم لـ

superior to يتفق على

supply with يجهز بـ

supply with يجهز بـ

sure of: متأكد من

surprised at تفاجأ لـ

The car is loaded with boxes. محملة بـ

The poor man shook with cold. ارتجف من

There is plenty of time. كثير من

tired of: تعب من

with confidence بثقة

with confidence: بثقة

with pleasure بكل سرور

with the help of: بمساعدة

with the help بمساعدة

Exercises تمارين

Supply with suitable prepositions.

.ضع حروف الجر المناسبة

1-Are you sure _____ what are you saying.

2-Children are fond _____ sweets.

3-Have you heard the news _____ the radio?

4-He blamed himself _____ coming late.

5-He insisted _____ going by sea.

6-He spent this money _____ cigarettes.

7-How much did you pay _____ this car?

8-I am proud _____ my country.

9-I warned her _____ the danger.

10-I'll meet him _____ the airport.

11-I'm sorry _____ coming late.

12-Is he still angry _____ you?

13-Is your sister good _____ math?

14-She was dressed _____ white.

15-The poor are _____ need _____ help.

16-The sea supplies us _____ fish.

17-Which doctor is _____ duty?

161

Complete the sentences with these words.

أكمل الجمل باستخدام هذه الكلمات .

For, in off, on out, through, to, up

1.We were waiting _______ a bus for ages, then suddenly two pulled _______ together!

2.I ran and got _______ the train just as it was pulling _______ of the station.

3.We went _______ passport control at three until eight!

4.I checked _______ and then went _______ gate 21.

Answers الإجابات

1) for, up 2) on, out 3) through, off 4) in, through

الأسماء المعدودة و غير المعدودة و محدداتها / تعابير الكمية
Countable and uncountable nouns and their quantifiers/Quantity expressions

الأسماء المعدودة countable nouns و هي الأسماء التي يمكن عدها مثل:

book, car, dinar, teacher, student

و تستخدم معها محددات المقادير و الكميات quantifiers التالية:

١- a/an (راجع أدوات التعريف و التنكير)

نستخدم a/an قبل الأسماء المفردة المعدودة

a) عندما يكون من غير المهم من هو الشخص أو الشيء الذي نتحدث عنه كالتالي:

● We've bought a new washing machine. (نوع الغسالة ليس مهما)

● Open a window. (يوجد أكثر من نافذة لكن ليس مهما أي نافذة نفتحها)

b) عندما نذكر شيء ما لأول مرة:

● I saw a man climbing up the mountain.

● He was carrying a heavy rucksack. حقيبة الظهر

٢ - The (راجع أدوات التعريف و التنكير)

٣ - No article/ Zero articles (راجع أدوات التعريف و التنكير)

٤ - All (of), none (of)

a. نستخدم all أمام الأسماء الجمع و الأسماء غير المعدودة عندما نشير للجميع أو مجموعة أو الكمية كاملة.

163

أمثلة:

- All cars pollute **يلوث** the environment.
- We're trying to abolish all traffic in our neighborhood.

b. **نستعمل** all of **أمام صفات الملكية و أمام اسم غير معدود أو اسم جمع** + the

أمثلة:

- He spends all (of) his money on gadgets **أدوات** for his bike.
- All (of) the planes were either cancelled or delayed.

c. **نستعمل أيضا** all of **أمام الضمائر. أمثلة:**

- All of them should be punished.

d. **نستعمل** none of **(لا شيء من) أمام الضمائر الجمع و صفات الملكية و اسم الجمع** + the **التي تعني**

و يمكن استعمال فعل مفرد أو جمع. أمثلة:

- None of them was/ were arrested after the burglary **السرقة**.
- None of the cars use/ uses lead-free petrol.

- **لا تستعمل** none **مع الأفعال في صيغة النفي.**

5- ***Another , other, the other/ the others***

a. **نستعمل** another **أمام الأسماء المفردة المعدودة عندما نشير إلى واحد آخر أو " واحد مختلف".**

أمثلة:

- When I see chat shows on TV, I immediately turn out to another channel.

b. **نستعمل** other **أمام الأسماء الجمع عندما نشير إلى ناس أو أشياء إضافية إلى هؤلاء المعروفين مسبقا. أمثلة:**

•The news is usually OK but <u>other programmes</u> on this channel are hopeless.

c. نستعمل others بدون اسم، أمثلة:

•Some advertisements try to be funny <u>others</u> shock people.

•نستعمل the other أمام الأسماء المفردة و الجمع المعدودة حيث يكون المعنى "ليس هذا" أو " الواحد المتبقي/ المتبقين" أمثلة:

•National Jordan Team played very well but <u>the other team</u> wasn't bad either.

•The dictionaries have all been sent and the other books will go next week.

d. نستعمل the others بدون اسم، أمثلة:

•Two of the passengers survived the crash but <u>the others</u> died.

•لاحظ الفرق بين the second وthe other حيث نستعمل the other عندما يوجد هناك شيئين و نستعمل the second عندما نضع قائمة بأشياء بالترتيب و يوجد هناك أكثر من شيئين، أمثلة:

•The winner's score was 220 points, the second players scored 206, and the third got below 200 points.

7- ***Both (of), either (of), neither (of)***

a. نستعمل both (of), either (of), neither (of) لتحدث عن شخصان أو شيئين أما both فتأتي <u>دائما مع الجمع</u>، أمثلة:

•Both brothers are reliable and hardworking.

b. يمكننا استعمال both أو both of أما صفات الملكية و اسم جمع + the أمثلة:

•Both (of) <u>his</u> parents have survived two world wars.

•Both (of) <u>the twins</u> may have heard problems.

c. نستعمل both أمام الضمائر، أمثلة:

- Both of us used to play volleyball.

d. نستعمل either و neither أمام الأسماء المفردة و الأفعال المثبتة، أمثلة:

- Either book will be suitable for her.
- Neither singer deserves to win.

e. نستخدم either of و neither of أمام ضمائر الجمع و صفات الملكية و theالمصاحبة لأسم الجمع، أمثلة:

- Either of them could have become a doctor.
- He can count on either of her brothers.
- Either of the teachers could have explained the lesson.
- Neither of them has/ have been studying hard.
- Neither of her aunts is/are going to come to her party.
- Neither of the sisters used to do a lot of sport.

f. neither هي كلمة نفي. لا تستعمل neither مع فعل منفي.

٧- *Each (of)*

a. نستعمل each (of) للتحدث عن شيئين أو شخصين أو أكثر عندما نفكر بهم بشكل منفصل.

b. Each تستعمل دائما مفردة و تستعمل مع فعل مفرد، أمثلة:

- Each student was able to pass the exam.

c. نستعمل each of أمام الضمائر و صفات الملكية و أسماء الجمع +the:

- Each of them was questioned by the police officer.
- Each of his friends gave him a hand in his problem.
- Each of the lessons lasts an hour.

٨- *A few (of), a little (of)*

a few و a little لهما نفس المعنى " some بعض" أو " not much/ not a lot ليس الكثير".

a. يمكننا استخدام a few أمام الأسماء الجمع المعدود فقط.

أمثلة:

- A few people .
- A few hours/ days/ years.
- I've got a few things to do first.
- I knew a few of the people there.

b. يمكننا استخدام a little أمام الأسماء غير المعدودة فقط .

أمثلة:

- I like a little sugar in my tea.
- Could I have a little help, please?

c. نستخدم a few of و a little of أمام الضمائر و صفات الملكية و the .

أمثلة:

- A few of her songs were popular and she was well known.
- They had a few of their friends round.
- I can give him a little of the petrol from my car's tank .

٩- *A lot (of), lots (of)*

يمكننا استخدام a lot of مع الأسماء الجمع و غير المعدودة، حيث أنها تعني "عدد كبير أو كمية كبير من".

أمثلة:

-I'm hearing a lot of good reports about your work these days.

-There have been a lot of changes in recent years.

-Scotland exports a lot of wool.

نستعمل a lot بعد فعل:

I have learnt a lot about gardening from my dad.

He needs a lot more practice.

نستخدم فعل مفرد مع الأسماء غير المعدودة:

There isn't a lot of traffic along the street where I live.

نستخدم فعل جمع مع الأسماء الجمع.

A lot of money were spent on treating the soil for agriculture.

يمكننا استخدام lots (of) كبديل غير رسمي لـ a lot of :

She must have had lots of help in her business.

١٠- *Many (of), much (of)*

a. **نستعمل many أمام الأسماء الجمع و much قبل الأسماء غير المعدودة في الأسئلة و جمل النفي:**

أمثلة:

- There are many interesting places to visit in Jordan.
- How much money does it cost to go in a trip around the world?
- Peter didn't get much help from his friends with his problem.

b. **نستعمل many of و much of أمام الضمائر و صفات الملكية و the...:**

أمثلة:

- Many of them play sports daily.
- I don't get much of my father's time.
- She had heard many of the bad news before.

١١ - More (of), most (of)

a. نستعمل more و most قبل الأسماء <u>غير المعدودة و الأسماء الجمع</u>:

أمثلة:

- I want more <u>coffee</u> please.
- I leave work at 5.30 most <u>days</u>.

b. نستعمل more of و most of قبل الضمائر و صفات الملكية و ....the،

أمثلة:

- I threw away most of <u>my</u> old books when I travelled.
- At the moment she is spending most of <u>her</u> time in bed.
- After the trees have been cut back, we will be able to see more of <u>the garden</u> from the sitting room.

١٢ - Some (of), any (of),no

a. نستعمل some و any و no أمام الأسماء غير المعدودة و الأسماء الجمع:.

أمثلة:

- We need some <u>butter</u> and some <u>potatoes</u>.
- I don't' need any more <u>money</u> – I'm still got some.
- Do we need any <u>butter</u>?
- I have no <u>time</u> to talk now.
- No <u>visitors</u> may enter without a ticket.

b. نستعمل some of و any of قبل الضمائر و صفات الملكية و ...the ،

أمثلة:

- Some of <u>his</u> books, are very exciting.
- Some of <u>us</u> are going to the bank.
- I don't like any of <u>his</u> books.
- I didn't enjoy <u>any of the songs</u>.

169

●Do you want some of the pudding (نوع من الحلوى) ? I've got too much.

c. غالبا ما نستخدم some **في الجمل المثبتة و في الأسئلة التي نتوقع أن تكون إجابتها نعم:**

أمثلة:

●I have painted some pictures.

●Would you like some more coffee?

d. عادة نستعمل any (of the) **في الأسئلة و الجمل المنفية.**

أمثلة:

●Have you got any more sugar?

●She didn't give me any help at all.

e. No **تحمل نفس معنى** 'not any'،

أمثلة:

● We've got no butter left. (we haven't got any butter left)

١٣- ***a few*** **و تعني (قليل, بعض) و تعبر عن القلة الكافية كما يلي:**

a. There are a few sandwiches in my bag.

b. Salma has few dinars, she can serve us orange juice.

c. Unluckily, a few cars were hurt in the accident.

d. Fortunately, a few people were treated directly.

١٤- ***few*** **و تعني (قليل، بعض) و تعبر عن القلة القليلة جدا و غير الكافية كما يلي:**

a. Linda has few dollars, so that, she can't buy a camera.

b. There are few vehicles in the parking lot, it seems empty.

c. Fortunately, few children were injured in the incident.

١٥ - *Many* و تعني (كثير, متعدد) و تعبر عن الكثرة و الوفرة كما يلي:

a. I have many dinars, so that, I can lend you some.

b. If they had many books, they would give you one.

c. Many thieves have been detained أحتجز by the police of Amman.

المحددات مع الأسماء غير المعدودة (uncountable nouns).

الأسماء غير المعدودة هي الأسماء التي لا يمكن أن نعدها و لا تجمع و لا تسبق بأداتي التنكير (an, a) و تعامل معاملة المفرد:

أمثلة:

Advice, accommodation تجهيـز, blood, bread, cheese, food, fruit, joy, jewellery, hope, luck, mail, money, news, peace, tea, trouble, water, weather.

و تستخدم مع الأسماء غير المعدودة محددات المقادير و الكميات التالية:

١- A little و تعني (قليل، ضئيل، صغير) و تعبر عن القلة الكافية كما يلي:

d. Ali has a little hope, so he will start studying English language next week.

e. Don't worry Sami; we have a little fuel in the car to reach Zarka.

f. Linda is a healthy child; she drinks a little milk every morning.

٢- Little و تعني (قيل، ضئيل، صغير) و تعبر عن القلة غير الكافية كما يلي:

g. Maha has little hope, so she will not start studying English language tomorrow.

h. Little sleep will not make you fresh again, Rana.

i. We have little money, so we can't buy anything.

٣- <u>Much</u> و تعني (كثير, مقدار وافر) و يفضل استخدامها مع الجمل المنفية و الاستفهامية كـما يلي:

a. How much food do you have in your kitchen?

b. We don't have much water to drink.

c. You shouldn't spend much time playing cards, Hasan.

محددات تستخدم مع كل من الأسماء المعدودة و غير المعدودة:

١- <u>some</u> : تعني بعض كما يلي:

a. Could you lend me some money, please?

b. Hurry up Yousef; they need some urgent help. (أسرع يوسف إنهم بحاجة إلى مساعدة ملحة)

c. Laila broke some dishes three days ago.

لاحظ أننا نستخدم some في الأسئلة التي نتوقع أن تكون إجاباتها إيجابية.

٢- Any و تعني (أي) كما يلي:

a.Do you speak any foreign languages, Hani?

b.They don't have any accommodation ضيافةfor us tonight.

c.How many books do you have, Ahmad? I don't have any books.

لاحظ أننا نستخدم any في جمل النفي و الاستفهام.

٣-lots, a lot, a lot of و جميعها تعني (عدد وافر) كما يلي:

a.We will sell lots of sheep, because of this year's drought جفاف.

b.Sarah has a lot of children.

c.We don't have a lot of water nowadays; I hope we will obtain a lot next year.

٤- No و تستخدم في جمل مثبتة و تفيد النفي كما يلي:

a.Ahmad has no progress in his new private school.

b.Sami has no luck in his life.

c.I have no camera to photo you, Rania.

*** ملاحظة: جميع محددات المقادير التي ذكرت سابقا صفات للأسماء التي تأتي بعدها ما عدا lots, a lot, a lot of**

Exercise تمرين

Choose the correct answer.

اختر الإجابة الصحيحة.

1. Luckily, _______ Pupils were failed. (a few, few, many, much, little)
2. Unfortunately, the child drank _______ gasoline by mistake. (a few, few, many, much, little)
3. The capital of this country is very small and does not have _______ important buildings. (a few, few, many, much, little)
4. The islanders do not have _______ money, and they have _______ contact with the outside world. (a few, few, many, much, little)
5. There is not _______ chance of the place attracting tourists. (a few, few, many, much, little)
6. The roads aren't very good. There are lots of bicycles but not _______ cars. (a few, few, many, much, little)
7. There are _______ shops, and there is _______ cultural life. (a few, few, many, much, little)

Answers الإجابات

1. a few 2. many 3. many 4. much, few 5. many 6. many 7. few , little

Some, any, someone, anyone etc.

Complete the dialogues. Put in some, any, someone, anyone, something or anything.

Sometimes more than one answer is correct.

أكمـل الحـوار مسـتخدما some , any, someone , anyone, something أو anything . أحيانـا يمكـن استخدام أكثر من إجابة من صحيحة لنفس الجملة.

1)We haven't got ……. bread. I'd better go to the supermarket and get ……., then. We need …….tomatoes too.

2)Would you like ……. cheese and biscuits? Oh, no think you. I don't want ……. else to eat. That was delicious.

3)There's ……. at the door. Oh, were you expecting ……. visitors? No, I don't think so.

4)I'm looking for ……. matches, but I can't find ……. . there may be ……. on the shelf by the cooker.

5)There's ……. interesting on television tonight. …….. told me about it today. Now what was it? I've no idea. There isn't ……. sport on.

6)Is ……. going to help, please? Of course. Let's get started.

7)I can't find ……. to write with. There should be a pen by the phone.

Answers الإجابات

1.any, some , some 2. Some, any, 3. Someone , any 4. Some, any, some 5. something , someone, any 6. Anyone 7.anyone

Any

Complete the answers. Use any + noun, anyone or anything.

أكمل الإجابات مستخدما any+اسم أو anyone أو anything .

−Are these seats reserved محجوز? No, you can have <u>any seat</u> you like.

−There's so much to see here. What shall I take a photo of? I don't know. <u>Photo anything</u> you like.

1)What time shall I phone you? Ring ....

2)What shall we do at the weekend? Oh, I don't mind. .... you like.

3)Who shall I invite to the party? I don't know. Invite .... you want.

4)Which buses go into the city centre? They all do. Take .... that comes along this road.

5)What colours are these telephones available in? Oh, we have lots of different colours. You can have practically بشكل خاص........... .

6)What do people wear to go to the theatre here? Well, it isn't very formal. People can wear .... they like.

7)Mustafa watches the television on all weekend. It doesn't matter what's on. He'll watch ....

A lot of, many and much

A lot of: تستعمل مع الجمع المعدود

Many : تستعمل مع الجمع المعدود

Much : تستعمل مع الجمع غير المعدود

Complete the sentences with a lot of, many or much. More than one answer may be correct.

أكمل الجمل مستخدما a lot of, many or much . يمكن أن يكون هناك أكثر من إجابة صحيحة لنفس الجملة.

175

A: There are <u>a lot of</u> athletes taking part in these Olympics, and there's been ^{1} _____ interested.

B: Our runners haven't won ^{2} _____ medals, have they?

A: Well, not as ^{3} _____ medals as last time. But there are still ^{4} _____ events to come.

B: Unfortunately I haven't got ^{5} _____ time for watching world cup at the moment. I'm rather busy.

A: Well, I'm hoping to get a ticket for the weekend. But there aren't ^{6} _____ seats left, I hear.

B: I heard that the cheapest ticket is $ 25. That's too ^{7} _____ in my opinion.

الإجابات Answers

1. much 2. A lot of 3. Much 4. Many 5. Much 6. Many 7. Much

A few, few, a little and little.

Put in a few, few ,a little or little.

ضع a few أو few أو a little أو little في الجمل التالية.

A few :	تستعمل للدلالة على أن الكمية قليلة و كافية (للمعدود)
Few :	تستعمل للدلالة على أن الكمية قليلة و غير كافية (للمعدود)
A little:	تستعمل للدلالة على أن الكمية قليلة و كافية (لغير المعدود)
Little:	تستعمل للدلالة على أن الكمية قليلة و غير كافية (لغير المعدود)

O Could I have <u>a little</u> cream, please?

176

○ Very <u>few</u> people were flying because of the bad weather.

1.The postman doesn't often come here. We receive _______ letters.

2.The snow was getting quite deep. I had _______ hope of getting home that night.

3.I'm having _______ trouble fixing this shelf. Oh, dear, can I help?

4.I shall be away for _______ days from tomorrow.

5.Tony is keen football player, but unfortunately he has _______ ability.

6.I could speak _______ word of Swedish, but I wasn't very fluent.

Answers الإجابات

١few 2. little 3. few 4. a few 5. a little 6. a few

الأسماء غير المعدودة.

ملاحظات:

١.الأسماء غير المعدودة في اللغة الإنجليزية لا يجوز جمعها لذلك لا يجوز أن نقول moneys, hairs, advices... و كذلك لا يجوز استعمال a/an مع الأسماء غير المعدودة.

٢.الفرق بين any أي و some بعض.

٣.نستعمل some مع الجمل المثبتة فقط.

a.There is some money in the drawer.

b.I need some equipments.

نستعمل any في الجمل المنفية و في الأسئلة.

a.Is there any money in the drawer?

b.Do you need any equipments?

c.He doesn't have any money.

٤.لا يمكن تحديد العدد مع الأسماء غير المعدودة، حيث لا يمكن أن نقول three furnitures, two homeworks, five advices

٥.يمكن تحديد عدد الأسماء غير المعدودة باستعمال تعابير مثل a bar of, a liter of, a cup of, a piece of

a) I have a cup of coffee every morning.

b) I gave my daughter three pieces of chocolate.

c) Linda ate three bars of chocolates.

أدوات التعريف و التنكير

Definite and indefinite Articles

(The, a/an& Zero article)

The

The هي أداة التعريف في اللغة الإنجليزية و نستعملها في الحالات التالية:

a. عندما يعرف الآخرون عن ماذا أو عن من تتكلم و يمكنهم تحديد هذا الشخص أو الشيء بسهولة.

● The house is modern. (يعرف المستمع هنا ما هو البيت المقصود)

● Close the door! (يوجد باب واحد في الغرفة)

● The doctor advised me to take the medicine regularly. (يعرف المستمع عن أي طبيب أتكلم)

● She is going to the dentist. (طبيب الأسنان الذي تتعالج عنده)

● I am going to the bank. (البنك الذي أتعامل معه)

● Open the window! (يوجد نافذة واحدة في الغرفة)

b. نستعمل the مع الأشياء الفريدة.

When I went to Palestine I visited the Dome of Rock .

179

c. نستعمل *the* مع أسماء الأنهار و البحار و المحيطات و السلاسل الجبلية و مجموعات الجزر.

The Dead Sea, the Nile, the Pacific, the Atlas, the Bahamas.

d. نستعمل *the* مع الأسـم المفـرد للتحـدث عـن كـل الصـنف أو المجموعـة أو الفكـرة العامـة للشيـء أوالحيوان:

- The car is the fastest means of transport in the city.

- The cat is the loveliest bit.

- The computer is the most important invention of the twentieth century.

- The elephant is the biggest of all animals.

- The whale الحوت is the biggest mammal.

<u>قارن الجمل التالية:</u>

Please look after the car when I'm abroad.

(نحن نتحدث عن سيارة محددة).

I think the cat is the kindest animal.

(هنا نتحدث عن صنف معين من الحيوانات "القطة".

e.نستعمل the مع الصفة لتحدث عن مجموعة من الناس كلهم يمتازون بصفة معينة:

The Jordanian, the dead, the unemployed, the disabled, the rich, the poor.

عندما نتحدث عن مجموعة من الناس يمتازون كلهم بنفس الصفة يكون الفعل دائما جمع.

f. مع الاسم المتبوع بحرف جر أو أسم موصول كما يلي:

180

1) The player whom I met yesterday was Omar.

2) The orange juice which we have drunk is delicious.

3) The people of the Republic of China are friendly.

4) The coffee of Colombia is very expensive.

g. مع أسماء الأشياء الوحيدة في الكون أو الفريدة من نوعها و مع المعالم البارزة و المعروفة للناس، مثل:

the sky

the sun

the moon

The Holy Qur'an

the earth

the universe

the world

the environment

the country

the wind

the mosque

the post office

The Central Bank

the stadium

The Royal Cultural Centre

the Free Zone.

When I went to Egypt , I saw *the pyramids* .

h. مع أسماء المحيطات و البحار و مجموعات الجزر و الأنهار و القنوات و سلاسل الجبال و أسماء المناطق الجغرافية و أسماء الجهات، كما يلي:

181

The Pacific Ocean

the Atlantic Ocean

the Red Sea

the Dead Sea

the Mediterranean

the Middle East

the Great Desert

the Bahamas Islands

the Canary Islands

the Nile

the Thames

the Sava

the Mississippi

the Alps

the Suez Canal

the Atlas

the East

the West

the North

the South

i. نستعمل the قبل الاسم الجمع للعائلة للإشارة للعائلة كاملة أو إلى الزوجين .

The Cartins عائلة كارتن

Don't forget to invite the Jordans.

j. نستعمل the مع أسماء أوقات الليل و النهار(شريطة أن تكون مسبوقة بحرف جر) ومع الترتيب العددي مثل:

in the morning, in the evening, in the afternoon, the sixth, the second, the first.

k. نستعمل *the* مع أجزاء البيت:

The kitchen

The bathroom

The dinning room

l. يجب استعمال the مع (radio) و theatre و cinema و لا يجوز استعمالها مع كلمة television :

- I heard the news on the radio.
- I watched films on television.

<u>**قارن الجمل التالية:**</u>

You have to look after the horse when I'm away.

نتحدث في هذه الجملة <u>عن حصان واحد</u> محدد

I think the horse is the most graceful جميل/رشيق animal.

في هذه الجملة نتحدث <u>عن نوع من الحيوانات</u> يسمى الحصان

m. يجب استعمال the مع أسماء الآلات الموسيقية و مع الاختراعات العلمية.

The guitar الغيتار the piano البيانو the lute العـود the violin الكـمان the satellite القمـر الصناعي the robot الرجل الآلي

n. مع أسماء البلاد التي يتألف أسمها من أكثر من كلمة مثل:

Kingdom مملكة , States ولايات , Union , United إتحاد , Republic جمهورية

The Hashemite Kingdom of Jordan

The United States of America

The Republic of Popular China

o. نستعمل the مع الصفات لنتحدث عن مجموعة من الناس يتصفون كلهم بهذه الميزة و يأتي بعدها فعل جمع، كالتالي:

the French الفرنسيين

the poor الفقراء

the rich الأغنياء

the disabled المصابين بعجز/المعاقين

the unemployed العاطلين عن العمل

the dead الأموات

the coward الجبناء

the stupid الأغبياء

the ill المرضى

the brave الشجعان

the old كبار السن

the weak الضعفاء

the homeless المشردين

the strong الأقوياء

The homeless المشردين *are helped by the government.*

The young sometimes rebel يتمرد *against the old.*

p.لا نستعمل the مع المواد الدراسية

Arabic/ English/ Mathematics/ History

q.عند استعمال (*the*) مع الجنسيات فإننا نقصد شعب تلك الدولة و يتبعها فعل جمع.

the Egyptian grow mango.

The Italian like the spaghetti.

r. نستعمل the قبل الاسم الذي بعده of

The history of Jordan

s. نستعمل the مع mosque و لا نستعملها مع church

- The mosque is very near from my house.
- He goes to church every Sunday.

t. نستعمل the قبل الكلمات التي بعدها language

- The Arabic language

u. نستعمل the مع السنوات التي آخرها s

- In the 1950s. في الخمسينات

أداتي التنكير <u>an, a</u>

نستعمل a/an

١.أمام الأسماء المفردة المعدودة عندما يكون ليس من المهم عن أي شيء أو شخص نتكلم.

I have bought a fantastic car. **(هنا ليس من المهم أي سيارة إشتريت)**

Bring me a magazine. (يوجد عدة أنواع من المجلات و من غير المهم نوع المجلة التي سوف تحضرها لي)

٢.عندما نذكر شيء ما للمرة الأولى:

I saw a girl crossing the street, she was eating a sandwich.

٣.نستعمل a/an بعد what في الجمل التعجبية إذا كان الاسم مفردا معدودا.

■What an interesting story!

■What a beautiful girl she is!

٤. نستعمل a مع hundred/ thousand/ million بشرط أن لا يكون آخر هذه الكلمات (s)

■A hundred students attended.

■Hundreds of students.

٥. نستعمل a/an بعد such إذا كان الاسم الواقع بعدها مفردا .

■Such an intelligent boy

■Such a beautiful girl

٦. نستعمل (a/an) عند التكلم عن مهنة الشخص أو ماهية الشيء.

مثل:

●Ahmad is a teacher.

●Ali is a doctor.

●Ali was an artist

●He has a long beard.

● Janet is a bus driver.

●Mustafa is a sewer (خياط).

●She has an oval face.

●She is a hostess (مضيفة)

●She is a nurse

●This is an apple.

٧. نستعمل (a/an) مع الاسم النكرة, و هو الاسم الذي يذكر لأول مرة ولا نعرف أيـة معلومـات سـابقة عنه.

There is a boy in the shop. The boy wants to buy some candies (حلويات) .

في الجملة الأولى قلنا (a boy) لأننا نتحدث عنه لأول مرة فهو اسم نكرة، و لكـن في الجملـة الثانيـة فلنـا (the boy) لأننا نعرف من الولد المقصود.

٨. نستخدم حرف التنكير (a) قبل الاسم النكرة المعدود (القابل للجمع) الذي يبدأ بحـرف سـاكن أو مسبوق بصفة تبدأ بحرف ساكن كتابة أو لفظا .

<u>الحروف الساكنة:</u>

b f j m q t x c g k n r v y d h l p s w z

a boy, a man, a woman, a university, a useful book, a big apple, a house, a horse.

٩. ويستخدم حرف التنكير (an) قبل الأسماء المفردة التي تبدأ بصوت علة (a, e, i, o, u) كما يلي:

an apple (حبة تفاح واحدة) , an elephant, an egg, an artist, an hour (هنا بدأت الكلمة بصوت علة) , an honorable (مشرف) victory, an urgent need (حاجة ملحة), an orange, an idea.

١٠. نستعمل (a/an) مع بعض ظروف التكرار.

A day/ a week/ a month/ a year

Hani works 48 hours a week.

I study 3 hours a day.

Once an hour

Twice a day

١١. نستعمل (a) مع أسماء الجموع التالية:

A group مجموعـة ،a pack رزمـة/ حزمـة ، a variety تشـكيلة، a bundle صرة ، a series سلسـلة ، a bunch باقة، a box صندوق، a herd قطيع

ملاحظة:

قاعدة استعمال an هي **قاعدة صوتية**. أي أننا نختار (an) عندما يكون هناك صوت حرف علـة بعـدها و ليس شرطا أن كون الحرف حرف علة لاستعمال (an) .

أمثلة:

an hour

an important man

an old woman

an ugly animal

an umbrella

لاحظ أن كل من *a, an* تعني واحد أو واحدة و تستخدم كما يلي:

١. للتعبير عن السعر أو السرعة أو النسبة وتعني (كل، لكل) و كما يلي:

a.How much are these grapes?

- It is three dinars a kilo

b. How many times do you pray every day?

-I pray five times a day.

c.I drive ninety miles an hour

٢. قبل صفة الاسم المفرد في عبارات التعجب، كما يلي:

What a pretty girl!

What a cold day!

What an intelligent boy!

Exercise تمرين

Complete the sentences using a or an.

أكمل الجمل التالية مستخدما a أو an.

1. Are you …… teacher?
2. Japan is …….. island.
3. Here's ……….ticket for the concert.
4. He's ………. writer.
5. She's ……….good student.
6. It's ……….new story.
7. It's …………dirty street.
8. It's not……….easy question.
9. He's …… Arabic teacher.
10. They're at…………hotel.

No article

الأسماء التي لا يستخدم معها أداة التعريف the وأداتي التنكير a/ an

لا نستعمل أداة التعريف the و أداتي التنكير a/an في الحالات التالية:

a. أمام الأسماء الجمع و الأسماء غير المعدودة عند التحدث عن الناس أو الأشياء بشكل عام:

Do you drink tea?

My books collection are fantastic.

b. لا نستعمل the و أداتي التنكير أمام أسماء المطارات و المحطات و الشوارع:

Queen Alia Airport, Al-Mahatah Station, Al-Urdon street.

c. لا نستعمل the و أداتي التنكير أمام أسماء الأعلام مثل:

Mohammad, Amman, Cairo, Europe, Hassan, France, Lebanon

d. لا نستعمل the و أداتي التنكير أمام أسماء المعالم المسبوقة باسم مثل:

Queen Alia Airport

Amman National Park

Ghamadan park

Amman Private University

e. لا نستعمل the و أداتي التنكير مع أسماء الأماكن المعروفة عندما نريد الـذهاب إليها لـنفس الغايـة التي وجدت تلك الأماكن لأجلها كما يلي:

go to hospital للعلاج

go to bed   للنوم

go to school   للتعلم

go to prison (jail) للسجن

أما إذا أردنا الذهاب إلى هذه الأماكن لغاية أخرى فإننا نستخدم the كما يلي:

Ali goes to <u>the school</u> every Monday <u>to see his son</u>. لزيارة ابنه

Ahmad went to <u>the hospital</u> last week <u>to visit his dad</u>. لزيارة والده المريض

Yousif visited the prison last month to <u>see his friend Khalid</u>. لزيارة صديقه خالد

f. لا نستعمل the و أداتي التنكير مع أسماء وسائط النقل المسبوقة بحرف by، كما يلي:

190

By bus, by sea, by car, by bicycle, by plane.

g.لا نستعمل the و أداتي التنكير أمام الأسماء الجمع و غير المعدودة عند الكتابة أو الحديث عن الناس أو الأشياء بشكل عام و كما يلي:

1.Do you drink milk?

2.I find snakes fascinating

3.Teachers should instill يغرس، يطبع في الذهن a sense of responsibility إحساس في المسؤولية in their students.

4.We have a dangerous shortage نقص، عجز of water.

h.لا نستعمل the و أداتي التنكير مع أسماء وجبات الطعام عند الكتابة أو الحديث عنها بشكل عام كما يلي:

عشاء: supper غداء: lunch فطور: breakfast

i. لا نستعمل the و أداتي التنكير مع الأسماء المسبوقة بصفة إشارة مثل **this** أو بصفة كمية مثل **few** أو بصفة ملكية مثل my أو بصفة أفراد مثل every كما يلي:

this room, few books, my future, every student, your bed.

j. لا نستعمل the و أداتي التنكير مع أمام القارات و المدن و القرى و أسماء الجبال المنفردة و الجزر المنفردة و البحيرات المنفردة و أسماء الدول المنفردة أيضا أمثلة:

Africa, Asia, Europe, Australia, Amman, Irbid, Damascus, Cairo, Ajlone Mountain, Teberia lake, Victoria lake, Arwad islands, Malta, Cyprus جزيرة قبرص, Lake Assad, Mount Everest, Majorca, Egypt.

و يستثنى من ذلك ما يلي:

The Hague, the Netherlands, the Sudan

k.لا نستعمل the و أداتي التنكير مع أمام أسماء المطارات و المحطات و الشوارع:

Heathrow Airport, Victoria Station, Oxford Street .

تمرين Exercise

Q. Add 'a', 'an', X or the where necessary.

أضف a, an, or the حيث لزم.

1-We make _____ yogurt and _____ cheese form _____ milk.

2-_____ window is made of _____ glass.

3-I want _____ glass of _____ milk.

4-_____ tea is _____ drink.

5-_____ door of _____ garage is broken.

6-There is _____ garden beside _____ house.

7-_____ car is ready.

8-Sheep gives _____ wool.

9-Would you pass me _____ orange?

10-Rome is _____ European city.

11-Breakfast is _____ first meal of _____ day.

12-_____ milk in this bottle is fresh.

13-Mr. Walid is _____ honest man.

14-_____ post man has just put _____ letter under _____ door

15-I want _____ kilo of _____ butter, please.

16-_____ sun rises in _____ east and sets in _____ west.

17-_____ orange grows on _____ tree.

18-_____ butterfly is _____ insect.

19-I put _____ potatoes in your soup instead of _____ salt.

الإجابات Answers

1. X, X, X   2. The , X   3. A, X   4. The , a   5. The, the   6. A, the   7. The   8. X.   9. An
10. A   11. The, the   12. The   13. The   14. The , a , the 15. a, X   16.the , the, the   17. The ,
the   19. The, an   19. X, X

192

عمل السؤال

Making questions (Yes/ No & Wh-)

Wh- questions أسئلة المعلومات

النموذج الأول

Sami is writing a letter.

What is Sami writing?

نقوم بالخطوات التالية:

١. نضع أداة السؤال المناسبة.

٢. نضع الفعل المساعد المناسب بزمن الجملة (is, am, are, was, were)

٣. نضع الفعل الرئيسي للجملة كما هو دون تغير do, don't, did, does

He has bought a shirt.

What has he bought?

I have a ball.

What do you have?

لاحظ بأنه عند السؤال عن المفعول به (الشيء) في الجملة نستعمل أداة الاستفهام (what)

My father is a worker.

What is your father?

لاحظ أنه عند السؤال عن المهنة فإننا نستعمل الأداة what. To ask about profession, use (what)

النموذج الثاني:

عند السؤال عن المفعول به (الشخص) نستعمل who أو whom و إذا كان هناك to في الجملة نستعمله قبل who أو whom .

لاحظ الأمثلة:

I meet my friends at the bus - stop.

Whom do you meet at the bus- stop?

(Or) Who do you meet at the bus – stop?

I shall give the letter to Salah.

To whom will you give the letter?

(Or) Whom will you give the letter to?

النموذج الثالث:

لاحظ التالي :

١. إذا كان الفعل نيتهي بـ (s) الشخص الثالث عند تكوين السؤال ضع does قبل الفاعل و إحـذف الـ(s) .

٢. لاحظ استعمال when أو what time إذا أردت السؤال عـن كلـمات الـزمن مثـل : next week, last yesterday, Sunday, year, in 1970, two days ago

لاحظ المثال:

The moon shines at night. (when)

When does the moon shine?

النموذج الرابع:

عند وجود because أو to (يتبعها فعل مضارع) مثل to do, so that, in order that أو so as to

مثال:

My uncle went to hospital because he was he was ill.

Why did your uncle go to hospital?

لاحظ أن الفعل الماضي الموجود في الجملة تحول في السؤال بعد did إلى فعل مضارع.

استعمل where إذا أردت السؤال عن المكان , لاحظ:

We buy meat at a butchers shop.

Where do we buy meat?

للسؤال عن الملكية نستعمل whose يتبعها الاسم المذكور بعد الفراغ.

أمثلة:

1- I found Yousif's watch.

Whose watch did you find?

2- Hany's father drove the car.

Whose father drove the car?

3- That umbrella is mine.

Whose umbrella is that?

للسؤال عن الاختيار نستعمل which يتبعها الاسم المذكور بعد الفراغ . مثل:

Yousif's, mine, yours, his, hers, ours, theirs, my coat.

أمثلة:

1- Maha bought the blue dress.

Which dress did Maha buy?

2- The tall boy is my brother.

Which boy is your brother?

نستعمل how للسؤال عن الكيفية أو الطريقة، مثل:

By taxi, by land, (on foot, by bike, on horseback, by bus, by car, by train, by air , by plane,well, carefully, badly,) .

أمثلة:

3- I traveled to Paris, by air.

How did you travel to Paris?

4- That boy speaks English well.

How does that boy speak English?

195

للسؤال عن العدد نستعمل how many يتبعها الاسم المذكور بعد الفراغ، مثل:

(how many apples, how many boys, how many books, how many men)

<u>تنبيه: عند حذف العدد و الاسم المعدود استعمل what .</u>

مثال:

I bought six pencils.

What did you buy?

There is a lot of water in the kettle.

How much water is there in the kettle?

للسؤال عن الكمية (غير المعدود) استعمل how much يتبعها الاسم المذكور بعد الفراغ مثل:
(how much milk, how much tea, how much sugar)

للسؤال عن السعر و النقود استعمل How much

How much does she get a week?

How much are these trousers?

للسؤال عن العمر نستعمل (How old)

I am fourteen years old.

How old are you?

للسؤال عن البعد و المسافة استعمل (How far)

How far is it to the station?

إذا أردت السؤال عن طول الشيء أو عن طول المدة استعمل (How long)

How long did you stay in Egypt?

للسؤال عن طول الشخص استعمل (how tall)

مثال:

How tall are you?

للسؤال عن عدد المرات أو التكرار نستعمل (How often)

مثال:

How often do you visit your brother?

للسؤال عن عرض الشيء نستعمل (How wide) .

مثال:

How wide is this road?

للسؤال عن ارتفاع الشيء نستعمل (How high) .

مثال:

How high is this mountain?

للسؤال عن الفاعل للأشخاص نستعمل (who) .

أمثلة:

1- A butcher sells meat.

Who sells meat?

2- Yousif's brother helped me.

Who helped you?

للسؤال عن الفاعل للأشياء نستعمل (what) دون أي تغيير للفعل.

مثال:

The heavy rain made the old house fall down.

What made the old house fall down?

عند وجدود yes احذفها و ضع الفعل المساعد قبل الفاعل. و عند عدم وجود فعل استعمل Do, Does, Did حسب الفاعل.

أمثلة:

1. Yes, I can take my book.

Can I take your book?

2. Yes, I want a cup of tea.

Do you want a cup of tea?

3. Yes, this bus goes to the airport.

Does this bus go to the airport?

4. Yes, my mother made some cakes.

Did your mother make some cakes?

عند وجود No احذفها و احذف كلمة not من الجملة و ضع الفعل المساعد قبل الفاعل.

أمثلة:

1. <u>No</u>, the postman has <u>not</u> come yet.

Has the postman come yet?

2. <u>No</u>, I do <u>not</u> like this food.

Do you like this food?

عند وجود don't, doesn't, didn't ضعها قبل الفاعل عند تكوين السؤال ولا تغير الفعل.

مثال:

I did not come to the party because I was ill.

Why did not you come to the party?

ملاحظات:

١- إذا أردت حذف الفعل استعمل أداة الاستفهام what .

٢- عند وجود will, would, shall, should, can, could, may, might, must ضعها قبـل الفاعـل و اسـتعمل do بدل الفعل المحذوف .

أمثلة:

1) I shall go to the zoo tomorrow.

What will you do tomorrow?

2) I am having my breakfast now.

What are you doing now?

3) Maha has drawn a map.

What has Maha done?

4) Nurses take care of sick people.

What do nurses do?

5) A carpenter makes tables and chairs.

What does a carpenter do?

6) I visited my uncle yesterday.

What did you do yesterday?

7) The children want to go to the cinema.

What do the children want to do?

Exercise تمرين

Make questions for these answers.

كون أسئلة لهذه الإجابات.

1.Aqaba is 360 k.m from Amman. (how far)

2.He lives in Jordan.

3.He went to Aqaba by car.

4.I am free on Sunday.

5.I met him last month.

6.I want to see uncle Ali. (who)

7.I was born in 1980.

8.Laila worked hard last night. (how)

9.Letters are sent to Italy by air.

10.My brother traveled to London.

11.My father is reading a magazine.

12.No, I haven't had my lunch yet.

13.Samira's mother made this cake.

14.Laila will go to market on foot. (how)

15.The children are playing in the garden. (where)

16.The film starts at 8:00. (when)

17.The holiday begins in June.

18.the letter was posted by Maha (By whom)

19.This is Nada's coat. (whose)

20.Yes, Sami had a nice holiday. (Did)

21.Yes, I can swim.

جمل الوصل/ضمائر الوصل

Relative Pronouns/ relative clauses

أولا يجب عليك معرف ما يلي:

- Relative pronouns:

هي ضمائر الوصل و من الأمثلة عليها: who, whom, which, that و هي تستعمل لربط جملتين بحيث تصبحا جملة واحدة .

- Relative clause :

جملة الوصل وهي الجملة التي تم وصلها بالجملة الأولى وهي تستخدم لتحديد الشخص أو الشيء الذي نتحدث عنه.

- كل ضمير وصل يجب وضعه في بداية الجملة الثانية.

أمثلة:

Students *who* go to this school الطلاب الذين يأتون إلى هذه المدرسة

Sports *which* are dangerous الرياضات الخطرة

People (*who/that*) I know الناس الذين أعرفهم

Something (*that*) you can easily change شيء ما يمكن تغيره بسهولة

- جملة الوصل يجب ذكرها بعد الكلمة الموصوفة و الموجودة في الجملة الأولى سوءا كانت هذه الكلمة في أول الجملة أو في نهايتها.

- إذا جاءت جملة الوصل في وسط الجملة الأولى فيمكن وضعها بين فاصلتين . مثال:

The boy is clever. He studies hard.

The boy, who studies hard, is clever.

كما لاحظت فإنه لا يمكننا معرفة الشيء أو الشخص الذي نتحدث عنه بدون جمل الوصل:

نستعمل ضمائر الوصل التالية في جمل الوصل كما يلي:

١)who الذي أو التي لتحدث عن الناس و يستعمل بدل الفاعل العاقل، مثال:

I don't like people _**who**_ throw litter.

٢) that لتحدث عن الحيوانات، مثال:

Here is the goat _**that**_ chased me.

٣) which (أو that) لتحدث عن الفاعل و المفعول به غير العاقل، مثال:

This is the dog. it helped the man.

This is the dog that helped the man.

٤) where لتحدث عن المواقع و الأماكن مثل: here, there ، مثال:

The café _**where**_ we met has closed down.

٥)نستعمل whose لتحدث عن الملكية، و هي تستعمل بدل صفات الملكية مثل: their, its, our مثال:

I met Joseph _**whose**_ mother teaches at our school.

٦)نستعمل whom أو that (الذي أو التي) بدل المفعول به العاقل، مثال:

The man came here. I visited him.

The man whom I visited came here

يمكننا حذف ضمير الوصل في جمل الوصل إذا لم يكن الضمير هو الفاعل أي إذا لم يكن متبـوع مبـاشرة بالفعل.

أمثلة:

We'll have our picnic in the place (which/ that) most of us like the best.

(الفاعل في جملة الوصل هو we و ليس which)

The girl (who) you met is Salwa's sister.

(الفاعل في جملة الوصل هو you و ليس who)

نستخدم ضمائر الوصل لربط الجمل كالتالي:

١- نحدد الكلمة المتكررة في الجملة الثانية.

٢-نحذف الكلمة المتكررة ونضع ضمير الوصل المناسب بعد الاسم العائد عليه.

٣-ضع جملة الوصل بعد الجملة الأولى.

الذي، التي (للفاعل العاقل) Who

تستخدم لتحل محل الفاعل العاقل و طبعا نعرف الفاعل بوجوده أول الجملة. لاحظ المثال التالي:

Here is the man. The man is a doctor.

نحذف كلمة the man من الجملة الثانية و نضع بدلا منها who **ثم نضع الجملة الثانية بعد الكلمة التي حذفنا مثلها في الجملة الأولى** فتصبح:

Here is the man who is a doctor.

أمثلة:

1) The man came here. The man was a doctor.

   The man, who was a doctor, came here.

2) My friend swims well. He lives here.

   My friend, who lives here, swims well.

الذي، التي [المفعول به العاقل] Whom

نستعمل whom لتحل محل المفعول به العاقل و نعرف المفعول به بوجوده بعد الفعل كما نستعمل whom بدلا من الضمير المفعول به مثل: him, them, her

أمثلة:

The man came here. I visited him.

نحذف كلمة him من الجملة الثانية ثـم نضـع whom أول الجملـة الثانيـة، ونضـع الاسـم الموصـول و الجملة الثانية بعد الكلمة التي حذفنا مثلها (التي يعود إليها الضمير) فتصبح:

The man whom I visited came here.

ضمير الوصل للمفعول به يمكن حذفه فتصبح الجملة السابقة:

The man I visited came here.

Which الذي، التي (لغير العاقل فاعل أو مفعول به)

تستعمل which لتحل محل الفاعل أو المفعـول غـير عاقـل و نعـرف الفاعـل بوجـوده أول الجملـة أمـا المفعول به فيوجد بعد الفعل. لاحظ المثال التالي:

He found his book. He lost it yesterday.

نرى أن كلمة him تعود على كلمة his book فنحذفها و نضع بدلا منها which في أول الجملـة الثانيـة ثم نضع الاسم الموصول و الجملة الثانية بعـد الكلمـة التـي حـذفنا مثلهـا (التـي يعـود إليهـا الضـمير) فتصبح:

He found his book which he lost yesterday.

أمثلة:

1) This is the house. I live in it.

This is the house which I live in.

2) This is the car. I told you about.

This is the car which I told you about.

That الذي، التي (للعاقل و غير العاقل فاعل أو مفعول به)

نستعمل that لتحل محل الفاعل أو المفعول به العاقل و غير عاقل . لاحظ الأمثلة التالية:

1)This is the boy. You met him.

This is the boy that /whom you met.

2)I have a bird. It sings.

I have a bird that /which sings.

Whose (الذي، التي (للملكية

نستعمل whose للملكية.

لاحظ المثـــال التالي:

This is the man. His car hit the boy.

This is the man whose car hit the boy.

هنا نجد أن كلمة car ملك لـ the man فنحـذف ضـمير الملكيـة his و نضـع بـدلا منـه الاسـم الموصـول whose ثم نضع بعدها كلمة car.

Exercises تمارين

Use the correct relative pronoun in the space.

ضع ضمير الوصل المناسب في الفراغ.

1)............. book did Sami borrow? Ali's (whose, when, where).

2)............. book is this? It's mine. (Who's, whose, which).

3)............. causes all the problems? The wind. (who, whom, when).

4)............. did Ali meet? (Whose, whom, who).

5)I don't know the reason .... he looks sad (why, what, where).

6)Is this the girl .... helped you? (whom, whose, who).

7)That is the house .... belongs to my uncle (which, who, where).

8)The dictionary .... I bought is quite useful. (Whose, who, whom, which).

9)The driver ………….. lives next door has 3 children (whose, who, where).

10)The lady…………… car is white, lives in this house (where, when, whose).

11)The runner ………….. ran very fast won the gold medal. Who, what, whose).

12)The tree ………….. gives dates is called a date – palm (whose, where, which).

13)The watch …………..you gave to me is made in Japan (who, which, whose).

14)Would you show me a store ………….. fish is sold? (where, whom, whose).

أنواع الجمل

Type of sentences

يوجد ثلاثة أنواع للجملة في اللغة الإنجليزية هي:

١. الجملة البسيطة.

٢. الجملة المركبة.

٣. الجملة المعقدة

1) The Simple Sentence   الجملة البسيطة:

النموذج الأول من الجملة البسيطة:

تتكون الجملة البسيطة في اللغة الإنجليزية عادة من جزأين رئيسيين هما:

١. الفاعل   2. الفعل

أمثلة:

1) Birds fly.

2) Fish swim.

3) Tamer came.

النموذج الثاني من الجمل البسيطة:

أحيانا نضيف كلمة أو عدة كلمات إلى الجملة لنكمل معناها و تسمى هذه الكلمة أو الكلمات (التكملة) فتصبح أجزاء الجملة هكذا:

1. الفاعل   2. الفعل   3. التكملة

Birds   fly   in the air.

207

النموذج الثالث:

عندما تحتوي الجملة فعلا متعديا أي يحتاج <u>مفعولا به</u>. و تكون أجزاء الجمة هكذا:

1. الفاعل 2. الفعل 3. المفعول به

We   drink   milk

النموذج الرابع:

نضيف التكملة في آخر الجملة، فتصبح أجزاء الجملة هكذا:

1. الفاعل 2. الفعل 3. المفعول به 4. التكملة

We   drink   milk   every day.

النموذج الخامس:

أحيانا نضيف التكملة في أول الجملة، فتصبح أجزاء الجملة هكذا:

1.التكملة 2. الفاعل 3. الفعل 4. المفعول به

Every day   we   drink   milk.

النموذج السادس:

بعض الأفعال تحتاج إلى تكملة، فيجب كتابة هذه التكملة، فتكون أجزاء الجملة هكذا:

1.الفاعل 2. الفعل 3. التكملة

John   is   my friend.

و الآن و بعد أن فهمت أجزاء الجملة، إليك ملاحظة مهمة:

عند كتابة جملة في اللغة الإنجليزية يجب مراعاة زمن الجملة.

مثال:

١. إذا كانت الجملة في اللغة العربية تدور حول زمن الماضي فيجب تحويل فعلها إلى زمن الماضي:

أمثلة:

a) Romeo loved Juliet.

b) Antonio was a merchant.

c) His clothes were torn.

٢. أما إذا كانت الجملة في اللغة العربية تدور حول زمن المضارع فهي إما أن تكون:

تحتوي على فعل فعند تحويلها إلى اللغة الإنجليزية نحول هذا الفعل إلى الإنجليزية. مثل:

We eat eggs every day.

The sun shines during the day.

I will go to the cinema tomorrow.

أو أنها لا تحتوي على فعل في اللغة العربية. فعند تحويلها إلى الإنجليزية ضع من عندك إما am أو is أو are مثل:

I am in the room.

This garden is beautiful.

These gardens are beautiful.

تمرين Exercise

لاحظ أن بعض الجمل التي تصوغها في اللغة العربية تكون خالية من الفعل, و عندما تريد أن تحولها
إلى اللغة الإنجليزية يجب أن تضع فيها من عندك الأفعال am أو is أو are كما في الأمثلة التالية:

1)I am near the car. أنا قرب السيارة

2)My friend is absent. صديقي غائب

3)The doors are open. الأبواب مفتوحة

Write the following sentences in English.

أكتب الجمل التالية في اللغة الإنجليزية.

١)الكرسي قرب الباب.

٢)الكلب و القطة في الحديقة.

٣)القمر في السماء.

٤)عشرون تلميذا في الصف.

٥)الكوب مملوء بالحليب.

٦)الماء بارد.

٧)السيارة قديمة.

٨)الصيف حار.

٩)إنه تعبان.

١٠)الأشجار خضراء.

١١)البرتقال على المنضدة.

210

2)The compound sentence.   الجملة المركبة

تتكون الجملة المركبة من جملتين بسيطتين تربطهما أداة ربط. و إليك بعض أدوات الربط مع الأمثلة:

➤ He went home **and** brought his book.

➤ Study hard **or** you will fail.

➤ She will **either** read the story **or** write a letter.

➤ She will neither read a story nor write a letter.

➤ He is ill **so** / **therefore** he can't work.

➤ He always eats a lot, **yet** he is thin.

➤ He is very fat, **moreover** he eats a lot.

➤ He plays football **as well as** jumps high.

3)The complex sentence   الجملة المعقدة

وتتكون مـن جملـة رئيسـية تسـمى main clause و جملـة تابعـة تسـمى: dependent clause أو
subordinate clauseحيث تحتوي هذه الجملة على أكثر من فعل واحد ومركبة من جملتين.

الجملة التابعة ثلاثة أنواع:

1)Noun clause جملة أسمية

2)Adjectival clause جملة وصفية

3)Adverbial clause جملة ظرفية

الجملة الاسمية: Noun Clause

ملاحظة إذا أردنا أن نكتب clause (جملة) فيجب أن نكتب فاعلا و فعلا.

استعمالات الجملة الاسمية (*noun clause*) :

١) فاعل. مثال: That he will go to England is true.

٢) بعد حرف جر. مثال: They listened *to* what I spoke.

٣) كتكملة. مثال: Here is what you want.

٤) بدل المفعول به. مثال: I know where he lives

الجملة الوصفية: Adjectival Clause

١. المحددة Defining

تبين هذه العبارة الاسم الذي تشير إليه و تحدده، وهي ضروريـة لإتمـام معنـى الجملـة ولا تسـتخدم فيها الفواصل. أمثلة:

a. The man <u>who visited you</u> is my brother.

إن العبارة الرئيسية هي the man is my brother عبارة غير تامة و غير واضحة المعنى، حيـث أن الرجـل معروف, ولكن عندما نضيف عبارة الوصل الوصفية يكتمل وضوح المعنى تاما.

b. We saw the stadium <u>where the world football championship will be played</u>.

c. They often visit their friends <u>who live in Aqaba</u>.

d. The supervisor was the man <u>who answered the phone</u>.

٢. غير المحددة Non-defining

تبين هذه العبارة معلومات إضافية و غير ضرورية (extra information) عن الاسم أو عن الضمير الذي تشير إليه، و معنى العبارة مكتمل الوضوح دونها و يمكن حذفها دون أي تأثير على المعنى العام للعبارة، و تصف الاسم العلم و الاسم الشائع، و تفصل عن باقي أجزاء الجملة بواسطة الفواصل، و تستخدم في بدايتها جميع ضمائر الوصل المعروفة ما عدا that و كما يلي:

a.   Mr. Smith, <u>who is your relative</u>, is leaving for London now.

العبارة who is your relative لا تعرف السيد سميث المغادر إلى لندن، لأنه معرف قبلها بذكر اسمه في بداية العبارة، و تعتبر هذه العبارة عبارة إضافية و غير ضرورية لإيضاح المعنى أي أنها معلومات إضافية.

b. Linda, <u>whose husband is very rich</u>, has travelled all over the world.

c. I am going to Amman next week, <u>where my brother lives</u>.

d. They often visit their friends in Irbid, which is 200 miles away from Amman.

لاحظ فيما تقدم أن وجود الفواصل و عدم و جودها يغير معنى العبارة وفيما يلي توضيح لذلك:

a. The students, who speak English language fluently, will spend this summer in Britain.

جميع (all) الطلاب سوف يقضون هذا الصيف في بريطانيا

b. The students who speak English language fluently will spend this summer in Britain.

الطلاب الذين يتكلمون اللغة الإنجليزية بطلاقة فقط (only) سوف يقضون هذا الصيف في بريطانيا وليس جميع الطلاب.

لاحظ أن عبارة الوصل الوصفية في الجملة b قد حددت من هم الطلاب المقصودين ولهذا سميت المحددة أو المعرفة.

213

وصف شخص

Describing a person

مخطط تمهيد/ الخطوات الأساسية

هناك ثلاثة فقرات أساسية يجب توفرها في عندما تصف شخصا.

الفقرة الأولى

قدم الشخص وأعطي معلومات قليلة عنه مثل أين ولد أو ولدت؟ أين يسكن أو تسكن في الوقت الحالي؟ ما هي وظيفته أو وظيفتها؟ ما الذي يحبه أو تحبه؟

I'm going to write about my aunt. She is called Maha and she lives with my grandfather in a small house in ....

سأكتب عن عمتي. إنها تدعى مها وهي تقيم مع جدي في منزل صغير في ....

الفقرة الثانية

صف مظهر الشخص الخارجي (دون ذكر الكثير من التفاصيل) مع وصف الشخصية و المميزات.

Maha has got long, black hair and, beautiful brown eyes. She is a very cheerful woman. In fact, she's always smiling.

مها لديها شعر اسود طويل و عينان بنيتان جميلتان. إنها امرأة مرحة جدا, في الحقيقة إنها مبتسمة دائما.

الفقرة الثالثة

أعطى بعض الأمثلة عن سلوك الشخص أو عن علاقاته مع الآخرين.

She is very sociable and lovely with her neighbors because she is so confident and helpful. For example, she often helps people in her street and tries to solve their problems.

214

إن العمة مها اجتماعية و محبوبة جدا من قبل جيرانها لأنها واثقة جـدا و متعاونـة. عـلى سـبيل المثـال فهي غالبا تساعد الناس الذين في شارعها و تحاول حل مشاكلهم.

مفردات مفيدة
Useful Vocabulary

<u>Hair : الشعر</u>

black أسود
blond أشقر
brown بني
curly مجعد
dark غامق
fair جميل
grey أشيب
long طويل
short قصير
shoulder-length يصل إلى الكتفين
straight سرح
wavy مموج
white أبيض

<u>Age: العمر</u>

elderly كهولة
forties الأربعينيات
in her / his (early بداية العمر/ mid منتصف العمر/ late أواخر العمر)
middle-aged منتصف العمر

teens مراهقة
twenties العشرينات
young شاب

Special features: ميزات خاصة

beard لحية
moustache شارب
ponytail تسريحة تشبه ذيل الحصان
wrinkles ذو بشرة مجعدة

General physical appearance: المظهر الجسماني العام

good-looking مظهر جيد
overweight ذو وزن زائد
short قصير
slim نحيف
tall طويل
well-built ذو بنية جيدة

Personality: مميزات شخصية

bad-tempered ذو مزاج سيئ
cheerful مرح
creative مبدع
disorganized غير منظم
dynamic ملىء بالقوة و النشاط
generous كريم

hard-working مجتهد
helpful متعاون
honest أمين
insensitive حساس
kind لطيف
lazy كسول
mean خبيث /وضيع
nervous عصبي
relaxed هادئ الأعصاب(غير حاد)
reliable يمكن الاعتماد عليه
selfish أناني
shy خجول
sociable اجتماعي
strong قوي
sympathetic عاطفي
weak ضعيف

Likes/ dislikes: أشياء يحبها/ لا يحبها

chess الشطرنج
computers الحواسيب
swimming السباحة
reading القراءة
travelling السفر
watching matches مشاهدة المباريات
watching videos مشاهدة الفيديو

كلمات الربط: إعطاء الأمثلة

Linking: Giving Examples

استخدم كلمات الربط التالية لتوضيح و إعطاء الأمثلة:

especially خصوصا

such as مثل

for example على سبيل المثال

particularly خصوصا

He loves books, especially novels. إنه يجب الكتب، خصوصا الروايات

He hates junk food such as burgers. إنه يكره الطعام غير الصحي مثل البرجر

He is helpful. For example, he often helps people in his street. إنه متعاون , على سبيل المثال إنه يساعد الناس الذين في شارعه.

He often argues, particularly about politics, but after 25 years of political works..... إنه كثير الجدال خصوصا فيما يتعلق بالسياسة, لكن بعد ٢٥ عاما من العمل السياسي.......

فحص /مراجعة

Checking

Spelling التهجئة:

استخدم قاموسك لتأكد من التهجئة (خصوصا الصفات).

أفعال الكينونة

Verbs to be

الفعل be من الأفعال المساعدة وله ثمانية حالات هي: (is, are, am, was, were, be, been, being) و يصاغ المضارع و الماضي و التصريف الثالث منه كالتالي:

	Present **زمن المضارع**	**Past** **زمن الماضي**	**Past participle** **التصريف الثالث/ اسم المفعول**
Verbs to be	Is: مع الفاعل المفرد	was: مع الفاعل المفرد	been
	am: مع I		
	are: مع الفاعل الجمع و you	were: مع الفاعل الجمع و you	

الفعل be يكون في زمن المستقبل يكون will be أو shall be وفي زمن الماضي التام يكون had been وفي زمن المضارع التام يكون has been أو have been بالإضافة إلى استعمالاته الأخرى مع باقي الأزمنة.

ملاحظات:

١. في زمن المستقبل يمكن استعمال we و I أما shall أو will . و أما he, she, it, they, you فنستعمل معها will .

٢. مع أفعال (be) نستخدم (فعل + ing):

Be (is, am, are, was, were, be, been) + v + ing

- Ali is studying now.

- Linda will be watering the flowers tomorrow morning.

Exercise تمرين

Fill in the blanks with {am, is, are}.

أكمل الفراغات بـ *{am, is, are}*.

1-____ he your cousin?

2- ____ there a zoo in Amman?

3-Aqaba ____ in the south of Jordan.

4-Camels ____ useful animals.

5-Dinner ____ ready.

6-I ____ ready to help you.

7-Milk good for health.

8-The birds ____ in the tree.

9-Where ____ my shirts?

10-Where ____ the cat?

Fill in the blanks with the right answer.

أكمل الفراغات بالإجابة الصحيحة.

1.The men are ...... now (swim, swims, swimming).

2.She has been .... for two hours now (wait, waited, waiting).

3.He will be ....Cairo during the next month (visit, visiting, visited).

4.He should have been ......(study, studied, studying).

أفعال العمل

Verbs to do

الفعل do من الأفعال المساعدة ويصاغ المضارع والماضي والتصريف الثالث منه كالتالي:

Verbs to do	Present زمن المضارع	Past زمن الماضي	التصريف Past participle الثالث/ اسم المفعول
	Do مع I و الفاعل الجمع	did مـع الفاعـل المفـرد و الجمع	done
	does مع الفاعل المفرد		

* يكون الفعل do في المستقبل will do أو shall do .

1) Ahmad usually doesn't shave in the morning.

2) Ali usually doesn't eat breakfast.

3) Did you hear the surprising news?

4) Does Bob like tea?

5) Does the teacher speak loudly?

6) I don't like cold weather.

7) I expected the mail to arrive an hour ago, but it didn't.

8) It doesn't snow in Bahrain.

9) You've done a good job.

ملاحظة:

221

١ . بعد أفعال العمل (do) يأتي فعل مجرد.

Do you want to play tennis?

I don't drink cola.

Exercise تمرين

Choose the right answer from the brackets.

اختر الإجابة الصحيحة من بين الأقواس.

1. I .... Like tea. (does not, don't)

2........ You go to school on Friday? (does, do)

3........ The sun shines during the day? (do, does)

4. He (does not, do not) sleep late.

5. Did Linda .... to the university last week? (go, going, went, gone)

6. I ____ like traveling by train (doesn't, don't).

7. How long (do, does) it take to get London by air?

8. ____ you go to school on foot? (do, does)

9. ____ he have car of his own? (Do, Does)

10. These shoes (doesn't, don't) belong to me.

11. This coat (don't, doesn't) cost much.

أفعال الملكية

Verbs to have

الفعل have من الأفعال المساعدة و يصاغ المضارع و الماضي و التصريف الثالث منه كالتالي:

Verbs to have	Present زمن المضارع	Past زمن الماضي	Past participle التصريف الثالث/ اسم المفعول
	Have مع الفاعل الجمع	Had	had
	Has مع الفاعل المفرد		

ملاحظات:

١. بعد أفعال الملكية نستخدم فعل تصريف ثالث.

٢. يكون الفعل have في المستقبل will have أو shall have.

أمثلة:

- Ann has played tennis many times.
- How long have you and Chris known each other?
- I've lost my key. Have you seen it anywhere?
- Linda has bought a new watch.
- She has done her homework.
- The baby has spoiled the milk at the carpet.
- The baby has woken up.
- The dinner has been spoilt.
- The house is dirt)'. I haven't cleaned it for week s.
- The house was dirty because I hadn't cleaned it for weeks.

- You' re out of breath. Have you been running?
- She will have arrived by now.

Exercises تمارين

Choose the correct verb.

اختر الإجابة الصحيحة.

1) She …….. a book. (has, have)

2) These books …….. nice photos. (has, have)

3) February …….. thirty days. (has, have)

4) She............ (has, have) a new car.

5) Laila .... (has, have) seven brothers.

6) He .... a lot of money. (has, have)

7) These dogs _____ short legs. (has, have)

8) _____ you got a camera (has, have)

9) She _____ 2 children (has, have)

10) Ali has _____ a cup of tea (drink, drunk, drinking)

11) Linda has _____ busy since yesterday (is, was, been).

12) We have _____ our breakfast (have, had, having).

13) They should have _____ the police (tell, telling, told).

Answers الإجابات

1. has 2. have 3. has 4. has 5. has 6. has 7. have 8. have 9. has 10. has 11. been 12. had 13. told

المفرد و الجمع

Singular and plural

١. نحول الاسم المفرد إلى جمع بإضافة s إلى نهايته مثل:

boy - two boys

gate - three gates

mouth - six mouths

girl - five girls

٢. إذا إنتهى الاسم بـ *sh,ss, ch, x, s* فيجمع بإضافة es إلى نهايته مثل:

a box - two boxes

a brush - two brushes

a bus - two buses

a dish - three dishes

a glass - two glasses

a match - two matches

a watch - five watches

٣.إذا انتهى الاسم بالحرف y و كان قبل ال y حرف علة (a,e,i,o,u) فيجمع بإضافة s إلى نهايته لاحظ الأمثلة:

day - days

key - keys

boy - boys

Sunday - Sundays

٤. إذا انتهى الاسم بـy وكان قبل الy حرف ساكن فيجمع بتغير الy الى ies ، مثل:

lady - ladies

baby - babies

fly - flies

one baby – three babies

٥. بعض الكلمات المنتهية بحرف o يصاغ الجمع منها بإضافة -es إلى نهايتها و ليس -s فقط، أمثلة:

a potato – two potatoes

a tomato – two tomatoes

٦. إذا انتهى الاسم بـ f أو fe فيجمع بتغير f أو fe الى ves مثل:

knife- knives

leaf-leaves

wife-wives

wolf-wolves.

تنبيه: الأسماء التالية تنتهي بـ f, fe لكنها تجمع بإضافة s إليها.

belief – beliefs

chief – chiefs

gulf – gulfs

proof – proofs

roof – roofs

safe – safes

٧. الأسماء التالية تجمع جمعا شاذا.

child – children

foot – feet

louse – lice

man – men

mouse – mice

tooth – teeth

woman – women

٨. إذا كان فاعل الجملة اسم مصدر (gerund) أي فعل + ing يعامل معاملة المفرد:

أمثلة :

Learning swimming is enjoyable.

Teaching is very boring.

Shopping is very interesting.

٩. إذا كان فاعل الجملة أحد الأسماء التالية يعامل معاملة المفرد:

أمثلة :

Population سكان news أخبار mathematics رياضيات physics فيزياء evidence دلائل
economics اقتصاد information معلومات equipment معدات homework واجبات بيتيه

١٠. إذا كان الفاعل اسم غير معدود أو غير محسوس يعامل معاملة المفرد , مثل:

freedom حرية love حب money مال water ماء sugar سكر rice أرز

أمثلة:

All the sugar in the supermarket has been sold

Water is the source of life

Exercise تمرين

Choose the right answer from the brackets.

اختر الإجابة الصحيحة من بين القوسين.

1. Telling lies ………..prohibited. (is, am, are)
2. The police …..looking for these women.(is, are ,was)
3. Many people ……..left their cities. (has , have, are)
4. Reading stories …..you increase your knowledge .(help, helps, helping)
5. Those children …………very clever. (is, am, are)
6. The news today ………..very good. (is, am, are)
7. This homework …………very easy. (has, is, are)
8. All of the food …..eaten.(was, were, does)

Answers الإجابات

1. is ٢ . are ٣ . have ٤ . helps 5. are 6. is 7. is ٨ . was

Exercise تمرين

Writ the plural of these words:

اكتب صيغة الجمع من الكلمات التالية:

address ______

bag _____

boot ______

box_____

branch ______

child ______

city ______

class ______

country ______

dictionary_______

enemy ______

eye________

factory ______

family ______

flower_______

foot ______

fox ______

house ______

knife ______

life ______

lorry ______

man ______

match_____

mountain _____

mouse _____

pen _____

policeman _____

root _____

sandwich _____

school_____

secretary _____

thief _____

toy _____

try _____

valley _____

vegetable _____

waitress _____

woman _____

بعض الأسماء لا تتغير في المفرد و الجمع مثل:

fish – fish

sheep خروف – sheep

إذا إنتهى الاسم بـ o و كان قبل الـ o <u>حرف علة</u> فيجمع بإضافة s مثال:

embryo (جنين) embryos

kangaroo – kangaroos

radio – radios

studio – studios

zoo – zoos

بينما إذا انتهى الاسم بـ o و كان قبل الـ o حرف ساكن فيجمع عادة بإضافة {es} لاحظ الأمثلة التالية:

buffalo – buffaloes

cargo – cargoes

eskimo (شخص من الاسكيمو) - eskimos

halo - haloes

motto (شعار) - mottoes

negro(زنجي) - negroes

volcano - volcanoes

zero - zeroes

الكلمات التالية تنتهي بحرف *o* مسبوق بحرف ساكن و تجمع بإضافة *s* إلى نهايتها.

kilo - kilos

photo - photos

piano - pianos

rhino - rhinos

silo - silos

الكلمات التالية دائما مفردة:

News, advice, brains, dirt, information, furniture, character, luggage.

أمثلة:

The news is good.

Brains is what you need.

Where is our luggage?

All the information is right.

There is much dirt on the floor.

لاحظ استعمال كلمة pair مع shoes, scissors, trousers حيث يكون الفعل بعدها مفردا.

أمثلة:

A pair of shoes *was*...

A pair of scissors *has*...

نستعمل (*a*),(*an*) قبل الاسم المفرد المعدود, و تحذف قبل الاسم الجمع.

A horse is *an* animal

horses are animals

They have cars.

He has *a* car.

I want to buy *an* umbrella.

لا تستعمل a,an قبل اسم الكمية و الكتلة، لاحظ:

Water is …

Meat was..

Sugar is…

Milk was..

Cheese is..

Wool was…

Salt is…

Money was…

Cotton…

Coffee was..

Butter is…

Ink was…

ملاحظة هامة جدا: الصفات لا تجمع .

أمثلة:

This car is new.

These cars are new.

Exercise تمرين

Write these sentences plural.

اكتب هذه الجمل في صيغة الجمع.

1. A bee is an insect

2. This pen is yours.

3. He has a toothbrush.

4. A box has a cover.

5. The bird was caught.

6. Does this finger hurt you?

7. A shop has a roof.

8. A child drinks juice.

9. You are a smart man.

10. That leaf is green.

11. Is she drinking milk?

12. She was looking at the cat.

أنواع الضمائر

Pronouns (subject, object, possessive and reflexive)

Type النوع	Subject مبتدأ	Object مفعول به	Possessive adjective صفات الملكية	Possessive pronouns ضمائر الملكية	Reflexive & Emphatic pron. ضمائر انعكاسية و توكيدية
Firs person ضمير المتكلم	I أنا we نحن	me أنا us نحن	my لي our لنا	mine لي ours لنا	myself نفسي ourselves أنفسنا
Second person ضمير المخاطب	you / أنت/ أنت أنتما/أنتم / أنتن	You	your لك/ لك/ لكم/ لكما ...	yours	yourself نفسك yourselves أنفسكم
Third person: singular & plural ضمير غائب ، مفرد و جمع	he هو she هي it هو/ هي (لغير العاقل) they هم/ هن	him هو her هي it هو/ هي them هم/ هن	his له her لها its له/ لها (غير العاقل) their لهم/ لهن	his له hers لها --------- theirs لهم/ لهن	himself نفسه herself نفسها itself نفسه themselves أنفسهم

لاحظ التالي:

١. دائما يأتي أسم بعد صفات الملكية. أمثلة:

My book, your car, his house.

٢. نستعمل أحد أفعال to be قبل ضمائر التملك. أمثلة:

This book is mine, this car is hers.

٣. ضمائر الفاعل تستعمل قبل الفعل. أمثلة:

He is going to study Maths. I will travel tomorrow to Syria.

٤. ضمائر المفعول به تستعمل بعد الفعل و بعد حروف الجر. أمثلة:

This book is for Ali, please give it to him.

لاحظ الفرق بين الضمائر في المثالين التاليين.

1.   I helped him.

2.   He gave it to them.

ضمائر العمود الثالث صفات التملك و يذكر بعدها اسم, لاحظ:

1.   Look at their car.

2.   Is this your pen?

في العمود الرابع ضمائر التملك ولا يذكر بعدها اسم، لاحظ:

1.   This is your book. Where is mine?

الضمائر الانعكاسية:

وهي ضمائر تعود على فاعل الجملة:

I _____ myself   (أنا / بنفسي)

You _____ yourself   (أنت/ بنفسك)

He _____ himself   (هو/ بنفسه)

She _____ herself   (هو /بنفسها)

It _____ itself   (هو بنفسها)

We _____ ourselves (نحن /بأنفسنا)

They _____ themselves (هم / بأنفسهم)

أمثلة:

He hurt himself. لقد آذى نفسه

They did it themselves. لقد فعلوا ذلك بأنفسهم

Do it yourself. قم بذلك بنفسك

Exercise تمرين

Choose the correct word from brackets:

اختر الإجابة الصحيحة.

1- This coat is white, (mine – my) is brown.
2- Are these sun-glasses (your, yours) or (her, hers)?
3- Ahmad is a friend of (my, mine).
4- Is that (your, yours) house?
5- Are those bicycles (their, theirs)?
6- These are (my, mine) trousers, where are (your, yours).
7- (Ours, our) school is large.
8- Maha is combing (her, hers) hair now.
9- (their, theirs) house is old.
10- Those books are (us, we, ours, our).
11- Is there any letter for (my, mine, me, I)?
12- Nada is writing in (her, hers) writing book.
13- Give me (mine, my) book and take (your, yours).

Answers الإجابات

1. mine 2. yours 3. mine 4. your 5. theirs 6. my/ yours 7. our 8. her 9. their 10. ours 11. me 12. her 13. my/yours

المقارنة (مقارنة الصفات)

Comparison of Adjectives

هناك ثلاثة درجات للمقارنة.

الدرجة العادية، **The normal degree** :

وهي صفة أو ظرف تستعمل لوصف اسـم أو ضـمير أو فعـل بـدون مقارنة مـع شخص أو شيء آخـر، مثـال:

These cars are <u>expensive</u>.

Nada is <u>tall</u>.

He is <u>young</u>.

They are <u>old</u>.

كما لاحظت في الأمثلة التي بالأعلى فإن الصفة يسبقها دائما {verb to be} فعل كينونة و هو يعتمد عـلى الفاعل (مفرد /جمع) ولاحظ أيضا أن **الصفة لا تجمع.**

المقارنة المساوية، The equal degree :

نستعمل الدرجة المساوية للتعبير عن صفة مشتركة بين شخصين أو شيئين حيث نضع الصفة أو الظرف بين كلمتي as...as.

أمثلة:

Linda is <u>as tall as</u> Salma.

Ahmad drive <u>as quickly as</u> Walied.

*في حالة النفي نستعمل not قبل as ..... as

أمثلة:

Linda is not as tall as Maha.

Lebanon is not as big as Egypt .

أ - درجة المقارنة ***The comparative degree*** **:**

و تستعمل للمقارنة /التمييز بين شخصين أو شيئين .

أمثلة:

Sarah is taller than Selma.

Ahmad is shorter than Hani.

The green chair is bigger than the yellow one.

صياغة المقارنة

أولا: الصفات القصيرة

الصفة القصيرة هي التي تتكون من مقطع واحدة فقط.

أمثلة:

short, big, small, tall, long, few.

شخص أو شيء + is/are + الصفة + er + than+ شخص أو شيء

* than و هي أداة الربط مع صيغة المقارنة

أمثلة:

My house is larger than yours. بيتي اكبر من بيتك

Elephants are heavier than lions. الفيلة أثقل من الأسود

لاحظ التالي:

- **إذا كانت الصفة أو الظرف ذا مقطع واحد مثل large, late, tall فعند تكوين صيغة المقارنة نضيف er قبل الصفة و than بعدها.**

أمثلة:

Adjective	Comparative
few	fewer than
long	longer than
short	shorter than
tall	taller than

لاحظ أن الصفة إذا انتهت بـ {e} نضيف فقط r

أمثلة:

Adjective	Comparative
fine	Finer
free	freer أكثر تحررا
brave	Braver
large	Larger
nice	Nicer
simple	Simpler
polite	Politer

* إذا انتهت الصفة بحرف صحيح قبله حرف علة (a,i,e,o,u) نضاعف الحرف الأخير عند صياغة المقارنة ثـم نضـيف er .
لاحظ التالي:

big	bigger
dim	dimmer
fat	fatter
fit	fitter
hot	hotter
sad	sadder
thin	thinner
wet	wetter

ثانيا: الصفات الطويلة:

الصفة الطويلة هي التي تتكون من مقطعين أو أكثر .

إذا كانت الصفة أو الظرف ذات مقطعين أو أكثر فعند تكوين صيغة المقارنة نضع more قبـل الصـفة و than بعدها.

شخص أو شيء + than+ الصفة + is/are+ more + شخص أو شيء

أمثلة:

Rana is <u>more careful than</u> her sister.

He writes <u>more carefully than</u> you.

ملاحظة:

إذا انتهت الكلمة بحرف (y)قبله <u>حرف صحيح</u> نحذف ال(y) و نضيف ire . لاحظ الأمثلة التالية:

dry جاف	drier
easy سهل	easier
happy سعيد	happier
heavy ثقيل	heavier
lazy كسول، بطيء	lazier
noisy مزعج	noisier
tidy أنيق، مرتب	tidier
ugly بشع	uglier

الصفات و الظروف التالية شاذة :

good	better
well	better
bad	worse
badly	worse
much	more
little	less
many	more
far	farther

نماذج الصفات ذات مقطعين أو أكثر بسبق بـ more

able	more able
interesting	more interesting
wonderful	more wonderful
difficult	more difficult
important	more important
exciting	more exciting
comfortable	more comfortable
beautiful	more comfortable

Exercise تمرين

Choose the correct word from brackets:

اختر الإجابة الصحيحة.

1. Nada is ________ than Maha (short, shorter)
2. Please came as ________ as you can (earlier, early)

3. The village is _____ (quieter, quiet) than the town.

4. your drawing is _____ (bad, worse) than his.

5. Huda is not as _____as Layla (clever, cleverer).

6. Yousif has got _____ (much, more) money than Adel.

7. Samer is fatter _____ (from, than) Nabeel.

8. She draws as_____ (well, better) as I do.

9. Planes travel _____ (fast, faster) than buses.

10. She speaks English _____ (well, better) than him.

11. His handwriting is as _____ (better, good)as mine.

12. He needs more food _____ (from, than, of) the others.

13. Cairo is _____ (big, bigger) than Beirut.

14. I am_____ (tall, taller) than you.

التفضيل

Superlative

درجة التفضيل:

نستعمل التفضيل لتميز شخص أو شيء على ثلاثة أو أكثر من الأشخاص أو الأشياء.

لاحظ الأمثلة:

1- Maha is the tallest girl of the class.	مها أطول فتاة في الصف
2- This is the smallest room in my department.	هذه أكبر غرفة في بيتي

إذا كانت الصفة ذات مقطع واحد، فعند تكوين صيغة التفضيل أضف إليها est- و نضع the most قبـل الصفة المكونة من مقطعين أو أكثر.

أمثلة:

It's the most wonderful film I have ever seen. إنه أروع فيلم حضرته في حياتي

God is the greatest of all.

الله هو الأعظم

Tom is the richest man in town.	توم هو أغنى رجل في البلدة
The most beautiful.	الأكثر جمالا
The most comfortable.	الأكثر راحة
The most expensive.	الأغلى
The most important.	الأكثر أهمية

242

The most intelligent. الأكثر ذكاء

The most wonderful. الأكثر روعة

لاحظ جدول درجات التفضيل:

Adjective	Superlative
tall طويل	the tallest (للصفات الممتدة عموديا)
long طويل	the longest (للصفات الممتدة أفقيا)
short قصير	the shortest
big كبير	the biggest
nice لطيف	the nicest
free حر,مجاني	the freest الأكثر تحررا
simple بسيط	the simplest
polite مؤدب	the politest
dim معتم، باهت	the dimmest
fit ملائم	the fittest
hot حار	the hottest
sad حزين	the saddest
wet رطب،مبتل	the wettest
thin نحيف	the thinnest
fat سمين	the fattest

لاحظ جدول الصفات الشاذة:

Adjective	Comparative	Superlative
bad	worse than	the worst
far	farther than	the farthest
good	better than	the best
little	less than	then least
many	more than	the most
much	more than	the most
well	better than	the best

لاحظ الصفات المنتهية بحرف {y}:

Adjective	Comparative	Superlative
busy	busier than	the busiest
dry	drier than	the driest
early	earlier than	the earliest
easy	easier than	the easiest
funny	funnier than	the funniest
happy	happier	happiest
heavy	heavier than	the heaviest
lazy	lazier	laziest
tidy	tidier than	the tidiest
ugly	uglier than	the ugliest

Exercise تمرين

Choose the correct word between brackets.

اختر الإجابة الصحيحة.

1-This is the (better, good, best) watch you can buy.

2-She is one of the (brightest, bright, brighter) girls in the class.

3-The (good, best, better) composition is the one with the (fewer, few, fewest) mistakes.

4-This is the (old, older, oldest) part of the town.

5-Which is the (fine, finer, finest) season of the year?

6-Aqaba is the (hot, hotter, hottest) city in Jordan.

الإجابات Answers

1. best 2.brightest 3. best/ fewest 4.oldest 5.finest 6.hottest

Choose the right answer

اختر الإجابة الصحيحة.

1.Reading is the _____ of all habit. (good   better   best   well)

2.Everest is _____ **than** Rum. (the highest   higher   the higher   high)

3.My school is not _____ your school. (the same   alike   like   similar)

4.Passive learning is not as _____ active learning. (useful than   useful as   more useful   most useful)

5.Who is _____ intelligent boy in class? (most   the most   more   much)

6.My brother is _____ he looks. (young   youngest   younger than   young as)

7.You have to choose _____the two evils. (the less of   the lesser of   the less than   the lesser than)

8.The old teachers are _____than the younger ones. (experienced   more experienced   most experienced)

9.This story is not as _____the last one I read. (interesting as   most interesting   more interesting as   interesting than)

10.The shirt is not so new _____my other one. (than   as   like   similar)

11.She realized that she was _____ woman in the room. (tall   taller   tallest   the tallest)

12.Swimming is good, tennis is better, but football is _____sport of all. (the butter   the best   the good   X)

13.Driving is not _____difficult as diving. (as   alike   like   X)

14.I am 170 cms; but my brother is 190cms. This sentence indicates that _____.(My brother is shorter than me/   I am as tall as my brother/   my brother is taller than me)

الإجابات Answers

1-best 2-higher 3-like 4-useful as 5-the most 6-younger than 7-the less of 8-more experienced 9-interesting as 10-as 11-the tallest 12-the best 13-as 14-my brother is taller than me

الاشتقاق

Word building/Derivations

اشتقاق الأسماء Deriving nouns :

يمكن اشتقاق الأسماء بإضافة أحد المقاطع /اللواحق suffixes التالية إلى بعض الأفعال مع ملاحظة بعض التغيرات الإملائية أحيانا.

-ance, -ant, -ation, -age, -ee, -ence, -er, -ing, -ity, -ment, -or, -sion, -ssion, -tion, -y, -ism, -ist, -ure, -th, -ess, -eve.

أمثلة:

Nouns الأسماء	Verbs الأفعال
accept	acceptance
combat	combatant
occupy	occupation
stop	stoppage
refuge	refugee
differ	difference
interpret	interpreter
swim	swimming
secure	security
govern	Government
visit	Visitor
ascend	Ascension
transmit	Transmission
communicate	Communication
colonize	Colony
tour	Tourism
tour	Tourist

fail	Failure
grow	Growth
host	Hostess
capture	Captive
accurate	Accuracy

اشتقاق الفعل Deriving verbs :

نضيف -ify, -ize, -en إلى آخر بعض الصفات و الأسماء لتحويلها إلى أفعال مع ملاحظة بعض التغيرات الإملائية كما يلي:

hard يقسي، يصعب	harden يصعب، يقسي
wide عريض	widen يعرض
summary خلاصة	summarize يلخص
civil مدني	civilize يمدن
glory مجيد	glorify يمجد
beauty جمال	beautifyيجمل

كما نضيف en, -em– إلى بداية بعض الأسماء أو الصفات لتحويلها إلى أفعال،كما يلي:

courage شجاعة	encourage يشجع
largeواسع,كبير	enlarge يكبر,يوسع
purple أرجواني	empurpleيصبغ بالأرجواني
bitter مر	embitter يزيد الشيء مرارة

اشتقاق الصفات:

يتم اشتقاق الصفات بإضافة أحـد المقـاطع (suffixes) التاليـة إلى الاسـم أو الفعـل مـع ملاحظـة بعـض التغيرات الإملائية:

-able, -al, -ary, -ed, -en, -ent, -ern, -ese,-ful, -ian, -ible, -ic,-ical, -ing, -ish, -ive, -like, -less, -ly, -ory, -ous, -some,-y.

الاسم أو الفعل	الصفة
comfort راحة,يريح	comfortable مريح
profession مهني, حرفي	professional مهنة,حرفة
volunteer متطوع,يتطوع	voluntary اختياري,طوعي
open يفتح	opened مفتوح
write يكتب	written مكتوب
shut يغلق	shut مغلق
gold ذهب	golden ذهبي
compete ينافس	competent منافس
east شرق	eastern شرقي
north شمال	northern شمالي
Japan اليابان	Japanese ياباني
care يهتم	careful مهتم,حريص
Jordan الأردن	Jordanian أردني
sense حاسة	sensible حساس

249

history تاريخ	historical تاريخي
appetize يشهي	appetizing مشهي
red أحمر	reddish محمر
prevent يمنع،يقي	preventive مانع، واقي
woman امرأة	womanlike أنثوي
care يهتم	careless عديم الاهتمام
love يحب, حب	lovely محبب إلى النفس, بهيج
obligate يجيز, يلتزم	obligatory إجباري, إلزامي
fame شهرة	famous مشهور
hand براعة	handsome بارع

يمكن إضافة بعض المقاطع (البوادئ prefixes) إلى بداية الصفات لتقلب معناها بشكل معاكس وكما يلي :

At, im, un,ir,in.

typical	atypical
sexual	asexual
polite	impolite
important	unimportant
regular	irregular
direct	indirect
valid	invalid

Write the opposite of these adjectives using the correct prefixes from the box.

اكتب عكس هذه الصفات مستخدما المقاطع البادئة من الصندوق.

un-, in-, ir-, il-, dis-

a. un lucky

b. ____ formal

c. ____ comfortable

d. ____ honest

e. ____ expensive

f. ____ polite

g. ____ regular

Answers الإجابات

b.unlucky

c.informal

d.Uncomfortable

e.dishonest

f.inexpensive

g.impolite

h.irregular

Complete the sentences with these adjectives.

أكمل الجمل مستخدما بهذه الصفات.

unlucky

informal

Uncomfortable

dishonest

inexpensive

impolite

irregular

1.She didn't pass the exam. She did quite well but she was _____.

2.'take' is an _____ verb.

3._____ means the same as 'cheap'.

4.'all the best' is an _____ ending to a letter.

5.she never says 'please' or thank you'. She's very _____ .

6.You can't take that money. It's _____.

7.Don't sit in that chair, it's very _____.

الإجابات Answers

1.unlucky

2.irregular

3.inexpensive

4.informal

5.impolite

6.dishonest

7.uncomfortable

اشتقاق الظروف Adverb deriving :

الظرف هو كلمة تدل على الزمان أو المكان أو الحال, و يستخدم لوصف الفعل أو الصفة أو لوصف ظرف آخر, و يتم اشتقاق الظروف بإضافة المقطع ly - إلى الصفة. معنى ly- بـ و تعبر عن الأسلوب الذي تم فيه تنفيذ الفعل أو العمل.

adjective الصفة	adverb الظرف
brave شجاع	bravely بشجاعة
careful حريص	carefully بحرص
comprehensive شامل	comprehensively بشكل شامل
glad مسرور	gladly بسرور
fair عادل	fairly بعدل
kind لطيف	kindly بلطف
final أخير	finally أخيرا، في النهاية
traditionally أخيرا	traditionally تقليديا
quick سريع	quickly بسرعة
strong قوي	strongly بقوة
slow بطيء	slowly ببطء
secret سري	secretly بسرية
sensible حساس	sensibly بحساسية
melodious رخيم, شجي	melodiously بشكل رخيم أو شجي
warm دافئ	warmly بدفء
marvelous مدهش	marvelously بأسلوب مدهش

ملاحظات:

- إن الظروف تصف الأفعال و الصفات تصف الأسماء و فيما يلي توضيح لاستخدام الظروف:

a-The child came quickly. جاء الطفل بسرعة

b-It's a nice watch.

الظرف quickly جاء بعد الفعل came ووصفه ويمكن أن يكون الظرف قبل الفعل مباشرة أو في بداية الجملة هكذا:

-The child quickly came.

-Quickly, the child came.

Exercises تمارين

Put the words in brackets in the correct form to complete each of the following sentences.

ضع الكلمات التي بين الأقواس بالصيغة الصحيحة لإكمال الجمل التالية.

1. ...., you should take care with your kids . (care)
2. He needs an ...., course to improve his English. (intensify)
3. The government tries to exterminate ...., in the country (poor)
4. Developing ...., thinking is being encouraged at schools. (create)
5. The teachers help the pupils at this school ...., English language . (understand)
6. football is considerable to be an ....,game in Spain . (interest)
7. The head teacher's proposal was accepted with ...., approval . (unanimity)
8. He has authority, but he doesn't try to ...., others. (dominate)
9. Leaders should speak ...., to people. (sharp)
10. Computer experts should construct new ...., network. (interact)

Answers الإجابات

1.carefully 2.intensive/ intense 3. poverty 4. creative 5. understand 6. interesting 7.unanimous 8. dominate 9. sharply 10. interactive

الأفعال المركبة/ شبه الجملة الفعلية

Phrasal verbs

شبه الجملة الفعلية هي عبارة عن فعل من أفعال الحركة (أي ليس فعلا ساكنا) مضافا إليه <u>حرف جر</u> أو <u>أداة ظرفية</u>، و قد يتبع الفعل المركب بحرف جر ليتكون مـن ثـلاث كلـمات كـما في المثـال: keep in touch with،

أمثلة:

المعنى	الفعل المركب
يسد الطريق	block off
يستدعي، يدعو	call for
يقوم بزيارة قصيرة	call on
يعرض خدماته و آرائه	come forward
ينشأ من، مأخوذ من	come from
يقطع	chop off
يمنع، يحجب	close off
يخطط	draw up
يكتشف، يجد	find out
يشرح بوضوح	get across
يسترد، يستعيد	get back
يتدبر أمره بنجاح	get by
يخذل	get (someone) down
استمر في العمل	get on with (something)

get on with (someone)	ينسجم مع
get out of	يتجنب، يتخلص من
get over	يتعافى من
get through	يجتاز، ينجز عملا
get together	يصاحب، يجتمع
get up	ينهض من فراشه
go after	يطارد، يلاحق
go against	يعارض، يخالف
go off	يتحلل، يتعفن
go into	يتحرى، يشرح بالتفصيل
give away	يزف العروس إلى عريسها
give up	يتخلى عن
go ahead	يتابع، يتقدم، يبدأ
go for	يهاجم
go out	يخرج، يغادر
live on	يعيش في الذاكرة، يبقى
make of	يفكر، يظن
mark out	يرسم خطوطا لإظهار حدود منطقة ما
hand down	يورث
pass away	يموت، يزول
pass by	يتغاضى عن، يمر بـ
put in with	يضيف

pop out	يذهب للخارج لفترة قصيرة
seize upon	يستولي على
set out	يبدأ رحلة
set up	يقيم، يؤسس، يجهز
provide with	يزود بـ
talk through	يناقش بالتفاصيل
take to	يتقبل, يحب، يولع بـ
try out	يفحص، يجرب
turn into	يصبح، يتغير
fill up	يملأ تماما
look on	يعتري، يرى
look over	يتفحص
wipe out	يدمر كليا
get down	ينزل
in advance	مسبقا، مقدما
keep in touch with	يبقى على اتصال مع
keep off	يبعد، يبتعد

إذا كان الفعل المركب متعديا أو قابلا للفصل نضع المفعول به في الوسط بين الفعل و الأداة أو بعد الأداة كما يلي:

a- We shall get Palestine back.

- We shall get back Palestine.

b- He turned the lights off.

- He turned off the lights.

إذا كان المفعول به ضميرا فلا يجوز أن يأتي بعد الأداة بل يجب أن يأتي في الوسط.

a- We shall get it back.

- He turned them off.

يوجد بعض الأفعال المركبة غير القابلة للفصل أي يجب أن يأتي المفعول به بعد حرف الجر فقط وليس في الوسط و ذلك لأن هذه الأفعال لا تستطيع المحافظة على المعنى المقصود عند الفصل و فيما يلي توضيح لذلك:

-We have to check in the hotel at 9 a.m. (True)

-We have to check the hotel in at 9 a.m. (False)

وتاليا أهم الأفعال المركبة غير القابلة للفصل:

depend on

get over

get out of

get on: يركب

get on with

look forward to يتطلع بشوق إلى

get through

get down ينزل

keep up with يجاري، يتابع

cut down يقلل من

put in with يحتمل، يرفق

Exercise تمرين

A- Select the correct answer to fill the allotted space.

اختر الإجابة الصحيحة لإكمال الفراغ.

1-I assured her I will …………….. tomorrow.

a-bring back them. b- bring them back. c- them bring back.

2-She will never ……………..
a-get over her shyness. b- her shyness get over. c- get her shyness over.

3-To assess the validity of his theory, should should ……………..
a- try out it. b- it try out. c- try it out.

4-Can you help me get …………….. from this balcony.
a-with. b-on. c-down.

5-I don't want to do it, …………….. my principles.
a- goes against. b-goes for. c- goes ahead.

6-The yoghurt is old, it has gone ……………..
a- ahead b-off c- against

7-Don't set …………….. in this rainy weather.
a- out b- on c- at

8-Can't you …………….. Chinese people.
a- get out of   b- get of out   c- get on with

259

عبارة أسم الفاعل و اسم المفعول

Participle clause

اسم الفاعل أو اسم المفعول هو لفظ ينوب عن الفعل و معناه.

استخدامات أسم الفاعل و اسم المفعول:

١ عندما يكون لدينا فعلين في نفس الوقت، نعبر عنهما بأن نضع أحدهما في شبه جملة أسم الفاعل و الآخر في زمن الماضي البسيط.

أمثلة:

- Ahmad entered his house kissing (شبه جملة اسم الفاعل)the kids.

دخل أحمد منزله مقبلا الأطفال. (أي دخل وهو يقبل الأطفال)

لاحظ أن kissing هي بداية عبارة اسم الفاعل و تعني مقبلا و هي تصف حال الفاعل أحمد، و يمكن أن تكون الجملة على النحو التالي:

Ahmad entered his house while he was kissing the kids.

دخل أحمد منزله بينما كان يقبل الأطفال. حيث أننا قمنا باستخدام زمن الماضي المستمر مع زمن الماضي البسيط للتعبير عن الحدثين، و استخدمنا while كأداة ربط بينهما، كما يمكننا استخدام as (أثناء) بدلا من while .

- I saw Linda drinking milk. شاهدت ليندا تشرب الحليب
- While Linda was drinking milk I saw her.
- He sat on the table thinking of his children. جلس على الطاولة مفكرا بأطفاله
- He sat on the table while /as he was thinking of his children. جلس على الطاولة بينما كان يفكر بأطفاله

٢. عندما يكون لدنيا فعلين جاء أحدهما نتيجة للآخر كما يلي:

a.Going to Egypt by plane, I paid a lot of money.

يمكن أن تكون الجملة على النحو التالي:

Because I went to Egypt by plane, I paid a lot of money.

لأنني ذهبت إلى مصر بالطائرة، دفعت مبلغا كبيرا من المال.

لاحظ أن اسم الفاعل going قد جاء بدلا من because we went في الجملة الثانية و يمكن أن نستخدم بدلا من because كلمة (since بسبب- بما أن) و كلمة (as تعني بسبب أيضا) كما في المثال التالي:

b.Sleeping late, Rana woke up at twelve o'clock.

لاحظ أن عبارة أسم الفاعل participle clause هي (sleeping late) و يمكن أن تكون الجملة على النحو التالي:

Since Rana slept late, she woke up at twelve o'clock.

لاحظ أن الفعل الثاني woke up قد جاء نتيجة للفعل الأول، و إليك مثال آخر:

c.Eating too much sweets, Sami has a strong stomach ache.

As Sami eats too much sweets, he has a strong stomach ache.

لأن سامي يأكل الكثير من الحلويات، لديه ألما قويا في معدته.

لاحظ أن الفعل الثاني stomach ache قد جاء نتيجة للفعل الأول eating too much sweets و هو عبارة أسم الفاعل.لاحظ أن اسم الفاعل eating هو عبارة اسم الفاعل.

لاحظ أن اسم الفاعل eating يقابلها في الجملة الأخرى أداة الربط as+ Sami+ eats \ as+ Subject+ verb ولا تنسى أن تحافظ على زمن الجملة كما في الجملة التي قبلها.

٣. نستخدم عبارة اسم المفعول past participle المسبوقة بـ having هكذا: (Having + p.p. + object)

عندما يكون لدينا فعلين (متتابعين) أحدهما حدث بعد الآخر من قبل نفس الفاعل، كما يلي:

a- Having cleaned his shop, he slept for eight hours.

و يمكن أن تكون الجملة على النحو التالي:

- After he had cleaned his shop, he slept eight hours.

بعد أن نظف دكانه، نام لمدة ثماني ساعات.

- Before he slept for eight hours he had cleaned his shop.

قبل أن ينام لمدة ثماني ساعات،قد نظف دكانه.

لاحظ أن having قد حلت محل (after he had) .

b-Having bought a new car, she visited her family in Aqaba.

بعد أن اشترت سيارة جديدة، زارت عائلتها في العقبة، يمكن أن تكون هذه الجملة هكذا :

After Lana had bought a new car, she visited her family in Aqaba . (or)

Before Lana visited her family in Aqaba, she had bought a new car.

لاحظ أن having قد جاءت بدلا من (الفاعل Lana + الفعل المساعد had) عند استخدام before مع زمن الماضي البسيط. إليك هذا المثال حيث أن having بعدها (اسم noun) و ليس فعل تصريف ثالث:

-Having a new car, she could visit her family in Aqaba.

و يمكن أن تكون الجملة على النحو التالي:

- Because Lana had a new car, she could visit her family in Aqaba.

-

لاحظ أن because قد استخدمت هنا بمعنى لأن و أن having قد جاء مكانها في الجملة الثانية (فاعل Lana + فعل رئيسي had) وأن could قد استخدمت في الجملة الثانية للتعبير عن الإمكانية المتوفرة.

٤. قد تسبق عبارات أسم الفاعل و اسم المفعول بكلمة ربط مثل after, because of, on, when كما يلي:

a- After locking the safe, Ali forgot the password.

b- Sami listened to fantastic music when driving his car.

c- After having driven his car, he listed to fantastic music.

Exercise تمرين

Rewrite the following sentence keeping the same meaning.

أعد كتابة الجمل التالية محافظا على معناها.

1) Practicing sport regularly, he got slim quickly.

Because ....

2) Having shut the door, he watched T.V for a long time.

After ....

3) Because Linda got a vacation, she visited Petra.

Having ....

4) After Hani had his dinner, he went out quickly.

Having ....

5) Ahmad broke the window shouting on the children.

Ahmad broke..

أنواع حرف الـ s

Kinds of the letter 's'

"١. s " الملكية 'The apostrophe 's

نضع (s) مسبوقة بفارزة علوية ('s) إلى نهاية الاسم للدلالة على أن هذا الشيء مملوكة للشخص أو الشيء الذي يسبقه.

أمثلة:

1- Ahmad's pen. قلم أحمد

2- People's opinion. رأي الناس

3- The cat's tail. ذيل القطة

4- Sami's hat. قبعة توم

إذا كان الاسم منتهيا بـ s فنضع بعده فقط (') ، مثال:

Firas' book. كتاب فراس

٢. (s) للجمع 's' for the plural

نضيف (s) إلى الأسماء المعدودة لصياغة الجمع منها.

أمثلة:

cat: cats

boy: boys

tree: trees

٣. "s" الشخص الثالث   The third person 's'

"s" الشخص الثالث: تضاف إلى الفعل المضارع البسيط عندما يكون الفاعل مفرد سواء كان ضميرا أو اسما.

أمثلة:

He wants to buy a new car.

She works early in the morning.

He lives in an apartment.

A butcher sells meat.

Mother cooks well.

This bus goes to Irbid.

It gets hot in summer.

ملاحظات:

١-لا نضيف 's' إلى الفعل المضارع إذا كان الفاعل I أو you

أمثلة:

You eat an apple daily .

I read a book weekly.

٢- لا نضيف "s" الشخص الثالث إلى الفعل المضارع إذا كان الفاعل جمعا .

أمثلة:

Hani and Yousef play football.

They live in Jordan.

We drink a lot of coffee.

٣- إذا جاء الفعل المضارع بعد أحد الأفعال الشكلية مثل: will, can, may   فلا نضيف s الشخص الثالث للفعل:

He speaks.

He will speak.

Exercises تمارين

Use the words given in brackets and make any necessary changes.

استخدم الكلمات التي بين الأقواس لعمل التغيرات المطلوبة.

1- We always get up early (my brother)

2- I hardly travel by coach (my father)

3- These girls don't go to school on Friday (Laila)

4- These men work hard to support their families (that man)

5- Before I go to bed, I turn off the lights (my sister)

Begin the following sentences with (they).

ابدأ الجمل التالية بـ they :

1- He usually stays at home on Friday.

2- Does she want to do some shopping this afternoon?

3- She seldom travels abroad.

4- He studies hard before he sits for an examination.

Turn these sentences into the singular.

حول الجمل التالية إلى المفرد.

1- My friends like chicken, but they do not like fish.

2- They sit at the window and watch the traffic.

3- Trains cross Europe in few days.

4- Birds build their nets in the summer and fly to the south in winter.

5- They wash their hands and dry them with a towel.

قائمة بأهم المفردات باللغة الإنجليزية

List of the most important vocabularies in English

فيما يلي عزيز الطالب قائمة بأهم الكلمات في اللغة الإنجليزية لتثري حصيلتك اللغوية و هي بمثابة قاموس بسيط تعود إليه عند حاجتك لمعرفة معاني المفردات الجديدة.

Word الكلمة	Meaning المعنى
A a	
a lot of	كمية من، قدر من
able	قادر، بارع
about	عن، بخصوص
above	قبل، فوق
act	يفعل، يمثل
add	يجمع، يضيف
afraid	خائف، غير راغب في
after	بعد، وراء
against	ضد، مقابل
ago	منذ، في الماضي
agree	ينطبق على، يتفق، يوافق
air	هواء، أثير، يذيع
airport	مطار
all	جميع، كل
allow	يدع، يجيز

also	أيضا، كذلك
always	أبدا، دائما
among	بين، وسط، فيما بين
anger	غضب، يغضب
animal	حيوان، حيواني
answer	رد، جواب، استجابة
any	أي، أي شيء
appear	يبدو، يظهر، يتضح
apple	شجرة التفاح، تفاحة
Arabic	اللغة العربية
area	دائرة، منطقة، مكان
arm	ذراع، سلاح المشاة، يتسلح
armchair	كرسي بذراعين
arrange	يرتب، يسوى الخلاف ، ينظم
arrive	يصل، يبلغ، يجئ
art	فن، الفنون الجميلة،
as	أثناء، بسبب، بما أن
ask	يدعو، يطلب، يسأل
at	عند، في، نحو
at eight o'clock	في تمام الساعة الثامنة
atom	ذرة، مقدار بالغ الصغر

B b	
baby	طفل، رضيع، صغير
back	ظهر، متخلف، إلى الوراء
bad	كريه، سوء، شر
ball	كرة، رصاصة، قذيفة
band	جماعة، زمرة، عصابة
bank	بنك، مصرف، شط النهر
bar	قضيب، مزلاج، يسد
base	أساس، أصل، أسفل
basic	أساسي، قاعدي
bat	خفاش، وطواط، يضرب بالمضرب
bathroom	حمام
be	يبقى، يصبح، يكون
beach	شاطئ
bear	يحمل، تلد، دب
beat	ضربة، نبضة، دقة
beautiful	جميل
beauty	جمال، حسن، رونق
bed	فراش، سرير
bedroom	غرفة نوم
before	قبل، سابقا، قبل ذلك

269

began	بدأ، نشأ، استهل
begin	يبدأ، يأخذ في، يستهل
behind	إلى الوراء، خلف ، في المؤخرة
believe	يؤمن بـ يثق بـ يصدق
bell	يقرع الجرس، جرس
best	الأفضل
better	أحسن، أفضل
between	بين، فيما بين
big	كبير،عظيم، بارز
bin	صندوق
bird	طائر، طير، عصفور
birthday	عيد ميلاد
bit	كسرة، لقمة، مقدار ضئيل
black	أسود، زنجي، يلمع
block	انسداد، يقولب، عقبة
blood	دم
blow	ضربة، عاصفة، يهب
blue	أزرق، كئيب
board	لوح خشبي، لجنة، مجلس
boat	زورق، قارب
boat deck	ظهر المركب

body	جثة، بدن، جسد
bone	عظم، عاج
book	كتاب، يدون، يسجل، حساب
born	مولود،بالفطرة
both	كلا،على حد سواء، معا
bottom	أدنى، أسفل، قاعدة
bought	مشترى
box	صندوق، لكمة،يلاكم
boy	ولد، غلام
branch	غصن، شعبة
bread	خبز، قوت
break	انقطاع، كسر، استراحة
bright	زاه، لون ساطع، صاف
bring	يجلب، يحضر
broad	عريض، واسع
broke	مفلس
brother	أخ، راهب
brought	منقول
brown	بني، أسمر، أسمر البشرة
build	يبني، بنية،يشيد
burn	يحترق، احتراق، إحراق

271

busy	مشغول، فضولي
but	لكن، إلا أن ، اعتراض
buy	يشتري
buy	يشتري
by	بواسطة، بـ
C c	
call	دعوة، صيحة، يصيح، يتصل
came	جاء، أتى
cereal (n)	حبوب، بذور تؤكل
city	مدينة
clean	نظيف
clever	ذكي
cliff (n)	جرف، منحدر صخري شاهق
clock	ساعة
clothes	ملابس
careless	مهمل
careful	حريص
cardboard	ورق مقوى
card	بطاقة
Carbon paper	ورق كربون
caravan	قافلة
car	سيارة

272

capture		يأسر
captain		كابتن
cola		كولا
come		يأتي
computer		حاسوب
cook		طباخ، يطبخ
cover (v)		يغطي
cushion		وسادة
D d		
dear		عزيز
doctor		طبيب
downtown		وسط المدينة، قلب المدينة
draw		يرسم
drink		يشرب
dab lizard		ضب
dagger		خنجر
daily		يومي
dam		سد
damage		تلف
damp		رطب
danger		خطر
daring		جرأة

273

dark		مظلم
E e		
eat		يأكل
England		إنجلترا
every day		كل يوم، يوميا
exam		امتحان
F f		
favourite		مفضل
fish		سمك، سمكة
football		كرة قدم
football boots		حذاء للعب كرة القدم
G g		
garden		حديقة
get up		ينهض
go home		يذهب للبيت (بعد الدوام أو العمل)
go into		يدخل
goal		هدف
guess (v)		يظن، يخمن
H h		
had better		من الأفضل
half past		و نصف
healthy		صحي، مفيد للصحة
help		يساعد

her	لها
her book	كتابها
his	له
his bike	دراجته الهوائية
hit	يضرب
holiday	عطلة
hotel	فندق
I i	
interesting	ممتع
J j	
juice	عصير
juice (n)	عصير
jumper	سترة، بلوزة صوفية
K k	
kick	يركل
kitchen	مطبخ
know	يعرف
L l	
lamp	مصباح
left	يسار
listen	يستمع
live	يعيش
lovely	جميل، محبب إلى النفس

275

lunchtime	وقت الغداء
M m	
make	يصنع
market	سوق
math	رياضيات
month	شهر
months of the year	أشهر السنة
museum	متحف
my	لي
my bedroom	غرفة نومي
N n	
natural	طبيعي
need	يحتاج
net	مرمى، شبكة
O o	
orange juice	عصير برتقال
our	لنا
our sitting room	غرفة جلوسنا
outside	بالخارج
oxygen	أوكسجين
on duty	مناوب
on board	على ظهر السفينة أو الطائرة

276

orienteering	رياضة التجوال
P p	
park	حديقة عامة، متنزه
picture	صورة
pitch	ملعب
play sports	يلعب رياضة
policeman	شرطي
poster	ملصق
probably	محتمل، ربما، قد
Q q	
quarter past	و ربع
quarter to	إلا ربع
queue (n)	صف، طابور
quickly	بسرعة
quack	مشعوذ، طبيب دجال
R r	
really	حقا، في الواقع
ride	يركب
right	يمين
right away	حالا، فورا
rubbish	قمامة
rug	بطانية، سجادة

run fast	يركض بسرعة
S s	
school	مدرسة
science	علوم
sea	بحر
sell	يبيع
shop	محل
show	يظهر
sitting room	غرفة الجلوس
sofa	أريكة، مقعد طويل ذو ذراعان
some	بعض
soon	قريبا، حالا
spices	توابل، بهارات
sports	رياضة
stall	كشك
start	يبدأ
station (n)	محطة، موقف، إذاعة
stop	قف
suitcase (n)	شنطة، حقيبة رسمية، حقيبة سفر
suppose (v)	يظن، يعتقد، يفترض
sweets	حلويات

T t	
teach	يدرس، يعلم، يلقن
teeth	أسنان
television	تلفاز
tell	يخبر، يتحدث عن
tennis racket	مضرب تنس
test	اختبار، محك، مقياس
than	حتى، غير، من
that	التي، الذي
the	أداة التعريف، الـ
theatre	مسرح
their	لهم
their ball	كرتهم
then	ثم، بعدئذ، آنذاك
there	هناك، يوجد
there are	يوجد (للجمع)
there aren't	لا يوجد (للجمع)
there is	يوجد (للمفرد)
there isn't	لا يوجد (للمفرد)
thing	أمر، شيء، مسألة
think	يفكر، يعتقد
though	برغم ذلك، مع ذلك

thought	فكرة، اهتمام، فكر
thousand	ألف
through	طوال، بواسطة، خلال
time	عصر، موعد، وقت
timetable	جدول الوقت، برنامج
to	إلى، حتى
together	معا، يأتي معا، على نحو متصل
too	أيضا، أكثر مما ينبغي
top	رأس، قمة، على القمة
toward	قريب الحدوث، وشيك
town	مدينة، بلدة
tracksuit	بدلة ركض
trainers	أحذية رياضية، أحذية للركض
training	تدريب
transfer	تحويل (نقل)
transformer	محول
translator	مترجم (لغوي)
transparent	شفاف
Transplant	شتلة
transport	ينقل
trapezoid	شبه منحرف

travel	يسافر، يرحل
travel	يسافر
travel (v)	يسافر
tray	صينية
treasure	كنز
treat	يعالج
tree	شجرة
tree	شجرة
trial	محاكمة
triangle	مثلث(شكل هندسي)
trick	خدعة
trip	رحلة
triple	ثلاثة أضعاف
trowel	شاحنة
true	حقيقة، حقيقي، صادق
trunk	خرطوم فيل
trust	يثق
truth	حقيقة
try	تجربة، محاولة، يحاول
tulip	تيولب(زهرة)
tuna	سمك(تونة)

281

Tunisia	تونس(دولة)
tunnel	نفق
turban	عمامة
turkey	ديك رومي
Turkey	تركيا(دولة)
turn	دوران، دورة، يدير
turn back	يرجع
turn off	يطفأ(النور)
turn on	يضيء (النور)
turn over	قلب الشيء
turtle	سلحفاة البحر
tusk	ناب الفيل
tweezers	ملقط
twice	مرتان
twin	توأم
twinkle	تلألأ
two	اثنان
Two third	ثلثان
typist	ضارب على الآلة الكاتبة
tyre	إطار سيارة
U u	
ugly	قبيح

umbrella	شمسية
uncle	عم/خال
under	تحت، سفلي، أدنى
under ground	مترو الأنفاق
under wear	ملابس داخلية
understand	يفهم
understanding	تفاهم
unhappy	غير سعيد
uniform	زي موحد
unit	وحدة
United Arab Emirates	الإمارات العربية المتحدة(دولة)
United States Of America	الولايات المتحدة الأمريكية
university	جامعة
university student	طالب جامعي
unload	يفرغ حمولة
unlock	يفتح
unruled paper	ورق غير مسطر
untidy	غير مرتب
until	حتى، إلى أن
unusable	غير مستعمل
up	فوق

upholsterer	منجد المفروشات
upper arm	عضد
upside-down	رأسا على عقب
uranium	يورانيوم
us	ضمير المتكلم للجماعة
use	يستعمل، يستفيد من
use up	يستهلك
useful	مفيد
usual	مألوف، معتاد
usually	عادة
V v	
vacant	شاغر
vaccination	تطعيم
vacuum cleaner	مكنسة كهربائية
van	شاحنة لنقل السلع
vase	زهرية
vegetable	خضراوات
veil(khemar)	خمار
vein	وريد
verb	فعل
vermicelli	معكرونة شعرية
vertebral column	عمود فقري

vertical line	خط عمودي
very	جدا، تماما
very good	جيد جدا
veterinarian	طبيب بيطري
vice	رذيلة
vice-president	نائب الرئيس
victim	ضحية
video recorder	مسجل فيديو
video tape	شريط فيديو
viewpoint	وجهة نظر
villa	فيلا
village	قرية
vinegar	خل
visa	تأشيرة
visible	مرئي
visit	يزور
vitamin	فيتامين
voice	صوت(شخص)
volcano	بركان
volley ball	طائرة(كرة)
volume	مجلد كتاب

285

voluntary		تطوع
volunteer		متطوع
vomit		يقيء
vote		يدلي بصوته
voter		ناخب
vowel		حرف علة
voyage		رحلة بحرية طويلة
	W w	
wafer		رقائق بسكويت
waist		خصر/وسط
wait		ينتظر، يؤخر
waiting-room		صالة انتظار
wake up		استيقظ
walk		يمشي، يجتاز، يرافق
wall		حائط
wallet		حافظة النقود
wallpaper		ورق الحائط
want		يريد، يتطلب، يريد
war		حرب
warder		سجان
wardrobe		خزانة الثياب
warm		دافئ، منفعل، يدفئ

watch	يراقب، يسهر، ينتبه، ساعة اليد
water	ماء، يسقي
way	طريق، أسلوب، ناحية
we	نحن
wear	يلبس
week	أسبوع
weight	وزن،أهمية، نفوذ
well	حسن، جيد، بئر
went	ذهب، انقضى، استهلك
west	الغرب، غربا، غربي
what	ماذا، كم
wheel	عجلة، دوران
when	متى،عندما
where	مكان، حيث، إلى أين
which	أي، الذي، التي
while	بينما، برهة
white	أبيض، طاهر، أشيب
who	من، الذي، التي
whole	كامل، سالم، سليم
why	لماذا، سبب
will	سوف، يشاء،يرغب، رغبة

win	يفوز
wind	ريح
wing	جناح
wink	يغمز بعينه
winter	شتاء(أحد فصول السنة)
wipe	يمسح
wire	سلك
wireless	لاسلكي
wisdom	حكمة
wish	يرغب
witch	ساحرة
with	بـ، مع، بواسطة
without	بدون
witness	شاهد
wolf	ذئب
woman	امرأة
wonder	تعجب، حيرة، عجيب
wonderful	رائع
wood	خشب، خشبي، يحتطب
woodman	حطاب
wool	صوف
word	كلمة، حديث قصير

288

work	عمل، يعمل
work	كلمة
workshop	ورشة
world	عالم
worst	أسوأ حالا
would	يتمنى، يرغب، يريد
wrap	يغطي، يغلف
wrestler	مصارع
wrestling	مصارعة
wring	يعصر
wrinkles	تجاعيد
wrist	رسغ اليد
write	يكتب
written	مكتوب
wrong	خطأ
X x	
X-ray	أشعة إكس
Y y	
Yacht	يخت
yard	حظيرة، زريبة
yawn	تثاؤب
year	سنة
yearly	سنويا

yeast	خميرة
Yemen	اليمن(دولة)
yes	نعم
yesterday	أمس
yet	حتى الآن، مع ذلك
yoghurt	لبن زبادي
yolk	صفار البيض
you	أنت، أنت، أنتم، أنتما
young	شاب، صغير بالسن
your	لك، لك، لكما، لكم
your bedroom	غرفة نومك
youth hostel	فندق أو بيت لإقامة الشباب في الرحلات
Z z	
zoo	حديقة حيوانات
zionist	صهيونية
zig -zag	متعرج
zero	صفر
zebra	حمار وحشي

محادثة

Conversation

Social life الحياة الاجتماعية

Greetings التحية و الوداع

Peace and Allah's mercy be upon you.

السلام عليكم و رحمة الـلـه و بركاته.

Good morning.

صباح الخير

Good afternoon.

ظهير طيبة.

Good evening.

مساء الخير.

Good night.

ليلة سعيدة.

Hello.

مرحبا.

Hello, How are you?

مرحبا، كيف حالك؟

Fine, thank you.

بخير ، أشكرك.

Good-bye

مع السلامة

See you later.

أراك قريبا.

See you again.

أراك ثانية.

Glad to know you.

سعيد بمعرفتك.

Glad to know you too.

سعيد بمعرفتك أيضا.

I haven't seen you for a long time.

لم أرك منذ مدة طويلة.

Where have you been?

أين كنت؟

Pleased to meet you.

سعدنا بلقائك.

Please to meet you too.

سعدنا بلقائك أيضا.

I missed you.

اشتقت إليك.

How's it going?

كيف تسير الأمور؟

Fine

رائع

Have a good time

وقتا طيبا.

Thanks

شكرا

Have a nice weekend.

أتمنى لك عطلة نهاية أسبوع سعيدة.

Happy birthday.

عيد ميلاد سعيد.

Have a nice trip.

رحلة موفقة.

Take care of yourself.

اعتن بنفسك.

Enjoy yourself.

متع نفسك.

Sleep well.

نوما هادئا.

Happy New Year.

سنة سعيدة.

Compliments   المجاملات و الاعتذار

Congratulations.

مبروك أو تهانينا.

Thank you.

أشكرك.

Good luck.

حظا سعيدا.

Best of luck in your job.

حظا أفضل في عملك الجديد.

I wish you lots of happiness in your new home.

أتمنى لك السعادة في بيتكم الجديد.

I wish you the speediest recovery.

أتمنى لك الشفاء العاجل.

Congratulations for your promotion.

مبروك لترقيتك.

Are you happy in your new place?

هل أنت سعيد في مكانك الجديد؟

Quit happy, thank you.

سعيد جدا, أشكرك.

How's your work?

كيف تسير أعمالك؟

It's going fine.

إنها على ما يرام.

Thanks a lot for the nice gift.

شكرا جزيلا للهدية الرائعة.

Thank you for the coffee.

أشكرك على القهوة.

You're very welcome.

يا أهلا بك.

Thanks so much for inviting me.

شكرا لدعوتك لي.

I hope you can come again soon.

أتمنى أن تأتي مرة أخرى.

You're welcome.

يا أهلا بك.

Won't you sit down?

هل تتفضل بالجلوس؟

Please give my best wishes to your family.

فضلا بلغ سلامي إلى عائلتك.

I'll do that.

سأفعل ذلك.

I can't thank you enough.

لا أستطيع شكرك كفاية.

Don't mention it.

لا داعي إلى ذلك.

Could you do me a favor?

هل لك أن تصنع لي جميلا؟

Of course, with pleasure.

طبعا، بكل سرور.

Have a nice trip.

أتمنى لك رحلة سعيدة.

Could I have your advice ?

هل تعطيني رأيك؟

Certainly. What about?

بالتأكيد. عن ماذا؟

Excuse my clumsiness.

أعذرني عن تصرفي غير اللائق.

It's nothing.

إنه لا شيء.

I am sorry to bother you.

آسف لإزعاجك.

All right.

حسنا.

I am sorry to hold you up.

آسف لتأخيرك.

Don't worry about it I still have time.

لا تبالي. ما زال لدي وقت.

Please excuse my inefficiency in this matter.

أعذر تخلفي في هذا الأمر.

That's all right.

حسنا.

I sincerely regret this error.

إنني حقيقة أتأسف لهذا الخطأ.

That's quit all right.

حسنا.

Excuse my carelessness please.

أرجو أن تعذر قلة اهتمامي.

It's no problem at all.

لا مشكلة على الإطلاق.

You have my deep consolation.

تقبل عزائي العميق.

Introductions التقديم و الدعوات

There's a party. Are you ready to go with me?

هناك حفلة. هل أنت مستعد أن تذهب معي؟

I don't think so.

لا أعتقد ذلك.

I am busy.

أنا مشغول.

Where shall we go?

أين سنذهب؟

What time shall we come?

في أي وقت سنأتي؟

May I bring my friend?

هل أصطحب صديقي؟

Are you free this evening?

هل أنت فاضي هذا المساء؟

Would you like to come with me?

هل ترغب بأن ترافقني؟

Where shall we meet?

أين سنلتقي؟

Won't you go shopping with me?

ألا تأتي معي لتسوق؟

Shall we go to the movies?

297

هل سنذهب إلى السينما؟

May I invite you to dinner?

هل تقبل دعوتي إلى الغداء؟

Are you waiting for someone?

هل تنتظر أحدا؟

May I take you home?

هل أخذك إلى البيت؟

Can I see you again?

هل يمكنني أن أراك مرة أخرى؟

May I introduce my friend?

هل لي أي أقدم لك صديقي؟

May I introduce myself?

هل لي أن أقدم نفسي؟

My name is …

أسمي ....

I am ………

أنا ....

I am thirty years old.

عمري ثلاثون عاما.

I am a business man.

أنا رجل أعمال.

I am here on a business trip.

أنا هنا في رحلة عمل.

I am leaving for Egypt tomorrow.

أنا مغادر إلى مصر غدا.

With a new friend مع صديق جديد

How are you?

كيف حالك؟

Fine, thank you.

بخير أشكرك.

How long have you been here?

منذ متى أنت هنا؟

I've been here a week ago.

أنا هنا منذ أسبوع.

Is this your first visit?

هل هذه هي زيارتك الأولى؟

No, I came here last year.

كلا، أتيت هنا في العام الماضي.

Are you alone?

هل أنت لوحدك؟

No, I'm with my wife.

كلا، أنا مع زوجتي.

Where do you come from?

299

من أين أنت؟

I'm from ……….

أنا من ………..

Where are you staying?

أين تقيم؟

At the Grand Hotel.

في فندق جراند.

What are you going to do today?

ما الذي ستفعله اليوم؟

I'll go shopping.

سأذهب للتسوق.

Have a cigarette.

تفضل وخذ سيجارة.

Thanks, I don't smoke.

شكرا ، أنا لا أدخن.

Do you have a light, please?

هل لديك ولاعة؟

No, I don't.

كلا، ليس عندي.

Do you like to take something?

هل تحب أن تأخذ شيئا ما؟

Yes. Coffee, please.

نعم. قهوة، من فضلك.

What is your job?

ما هو عملك؟

I'm a doctor.

أنا طبيب.

Pleased to meet you.

سررنا بلقائك.

Pleased to meet you too.

سررنا بلقائك أيضا.

See you later.

أراك فيما بعد.

See you tomorrow.

أراك غدا.

محادثات تجارية

Business conversation

Acquaintance تعارف

Excuse me, are you Mr. George from London?

أعذرني، هل أنت السيد جورج من لندن؟

Yes, I am.

نعم، إنه أنا.

I work for the ……………..

أعمل لدى شركة..........

What's your name, please?

ما هو اسمك، لو سمحت؟

My name is ………

اسمي.............

Did you have a good journey?

هل استمتعت في رحلتك؟

Not too bad, thank you.

لا بأس بها، شكرا لك.

You may take a rest today, and we'll talk about our business tomorrow.

ربما ترتاح اليوم، و سنتكلم عن أشغالنا غدا.

Fine.

رائع.

Aren't you Mr. Smith from the United States?

ألست السيد سميث من الولايات المتحدة؟

Yes, I am.

نعم، أنا.

Shall we fix a time for a talk?

هل سنحدد موعدا للمحادثة.

All right.

حسنا.

I am a manager of ....

أنا مدير في شركة............

I have been assigned to negotiate business with you.

لقد عينت للتفاوض معك حول العمل .

Let me introduce you. This is Mr. White.

دعني أعرفك. هذا السيد وايت.

Welcome to Thailand.

أهلا و سهلا بك في تايلاند.

I'm very glad to meet you.

أنا سعيد بلقائك.

It's a great pleasure to meet you today.

إنها لفرحة عظيمة أن أقابلك اليوم.

We've heard a lot about you.

لقد سمعنا عنك كثيرا.

How shall I get in touch with you?

كيف سيكون الاتصال بك؟

I'm in room.....at ....Hotel......

أنا في الغرفة رقم......... بفندق...........

If you need anything, just give me a call.

إذا احتجت إلى شيء، فقط اتصل بي.

Here is my card.

ها هي بطاقتي.

If there is an opportunity, we'd like to see your manager.

إن كانت هناك فرصة، نود أن نرى مديركم.

Our manager would like to meet you.

يود مديرنا مقابلتكم.

Invitation to dinner دعوة إلى العشاء

I would like to invite you to dinner this evening.

أود أن أدعوك إلى العشاء هذا المساء.

We are going to hold a dinner party.

نعتزم إقامة حفلة عشاء.

We would like to invite you all.

نود أن ندعوكم إليها جميعا.

Would you please tell your manager that if it's convenient, he is welcome to attend.

فضلا أخبر مديرك- إن كان مناسبا- نرحب بمشاركته.

If you are free, please come and join us.

غن لم تكن مشغولا، فضلا آتي إلينا و شاركنا.

Here is your invitation card.

ها هنا بطاقة دعوتك.

We'll see you at the hotel at six this evening.

سنلقاك عند الفندق في السادسة مساءا.

Thank you for your invitation.

أشكرك على دعوتك.

I'll certainly come if I have time.

سآتي بكل تأكيد إذا كان لدي وقت.

At the restaurant في المطعم

Is this the service counter of the restaurant?

هل هذا هو كاونتر الخدمة بالمطعم؟

Can I reserve a table for eight?

هل يمكنني حجز طاولة لثمانية؟

Would you like Arabic or Chinese or Western food?

هل ترغب طعام عربي أم صيني أم غربي؟

We'd like to have Chinese food.

أحبذ طعام صيني.

Welcome, please sit down.

أهلا ، تفضل بالجلوس.

Thank you very much for such a splendid dinner.

أشكرك شكرا جزيلا على هذا الطعام الفاخر.

Make yourself at home.

اعتبر نفسك بين أهلك.

Eat it while it's hot.

كلاها بينما هي ساخنة.

May I ask what line you are in?

هل لي أن أسألك ما نوع عملك؟

I mainly deal in Chinese arts and crafts.

أتعامل أساسا في الفنون و الحرف الصينية.

You can talk the business over with Mr............

تستطيع مناقشة العمل مع السيد..........

Mr. Wang is in charge of this line.

السيد وانج هو المسئول عن هذا الخط.

We'd appreciate your kind assistance.

مقدرين حسن مساعدتكم.

Let's hope for good cooperation between us.

دعنا نتمنى تعاونا أفضل فيما بيننا.

I wish you all brisk business.

أتمنى لكم جميعا عملا مزدهرا.

I wish continued development in our business!

و تطورا متواصلا في أعمالنا.

Business policy السياسة التجارية

A new policy is being implemented in your foreign trade.

هناك سياسة جديدة تم تنفيذها في تجارتكم الخارجية.

We stick to a consistent foreign policy trade policy.

نحن نرتكز إلى سياسة خارجية متينة.

We insist on the quality and mutual benefit.

نحن نشدد على الجودة و المصلحة المشتركة.

You have adopted a flexible policy in your work.

لقد أتبعت سياسة مرنة في عملك.

We have adopted a flexible policy in our foreign trade.

أتبعنا سياسة مرنة في تجارتنا الخارجية.

Would you give us a brief account of the new practices.

فضلا أعطني موجزا عن تلك الإنجازات.

We have mainly adopted some usual international practices.

لقد أقررنا بشكل عام بعض إنجازات عالمية.

We would very much like to know about this approach.

نهتم كثيرا بمعرفة هذا الإنجاز.

Could you tell us more about it?

هل يمكن أن تخبرنا مزيدا من ذلك؟

We are very glad that you have such a friendly attitude.

نحن مسرورون أن يكون عندك موقف ودي.

It'll benefit us both then.

إذن، سيكون ذلك مفيدا لنا.

We rely mainly on our own efforts.

بشكل عام نعتمد على مجهودنا الخاص.

We are insisting on our ability to pay.

أننا نشدد على أهمية توفير السيولة.

I wonder whether you need a loan?

إنني أتساءل إن كنت تحتاج إلى قرض؟

If there is any need, we'd like to supply you with a loan at the most favorable rate.

إن كانت هناك ضرورة، فإننا نرغب أن نعطيكم قرضا بسعر مغر.

Import and export readjustment.

التعديلات في الاستيراد و التصدير.

I wonder whether you'll import this kind of equipment?

أتساءل إن كنت تصدد استيراد هذه المعدات؟

We'd like to offer you our help.

إننا نود أن نعرض عليكم مساعدتنا.

Our corporation is willing to help.

إن مؤسستنا ترغب في تقديم المساعدة.

Do you still insist on your price?

هل ما زلت تصر على سعرك؟

We readjust our price according to the market.

قمنا بتعديل الأسعار تماشيا مع الأسواق.

Import inquiry طلب استيراد

May I know what particular line you are interested in ?

هل لي أن أعرف ما الصنف الذي ترغبه؟

We want to discuss arts and crafts business with you.

نرغب في مناقشة أعمال الفنون و الحرف.

What particular items are you interested in?

ما هو الصنف الذي ترغبه تحديدا؟

We are very much interested in your hardware .

نحن نهتم كثيرا بخردواتك/ أدواتك المعدنية.

What products do you want to purchase this time?

ما هي المنتجات التي تريدها حاليا.

We would like to purchase China printed pure silk fabrics.

نود أن نشتري الحرير الطبيعي الصيني.

This is our inquiry. Would you like to have a look?

هذا هو طلبنا. هل لك أن تلقي نظرة؟

We hope that we can do substantial business with you.

نأمل أن ننجز معك عملا راسخا.

Have you got the catalogue for this line?

هل لديك كتالوجا في هذا المجال؟

This is the printed pure silk fabric produced in China.

هذا قماش من الحرير الطبيعي صنع في الصين.

I think these patterns are quite good.

أظن أن هذه العينات جيدة للغاية.

We'd like to know the availability and the conditions.

نود معرفة شروط و إمكانية التوافر.

Could you tell me the article number of the products?

هل تخبرني رقم الصنف للمنتج؟

Have you got a product of this specification?

هل لديك منتجا بهذه المواصفات؟

I think this model conforms with your specification.

أظن هذا الموديل يتوافق مع مواصفاتك.

Have you read our leaflet?

هل قرأت كتيبنا؟

What type do you want to order?

ما النوع الذي تريد طلبه؟

We are thinking of placing an order for ......

نفكر في تثبيت طلب لـ...

What is the total weight of this kind of bulldozer?

ما مجموع الوزن لهذا النوع من الجرافات؟

The total weight of the bulldozer is 14 tons.

مجموع الوزن لهذه الجرافات هو ١٤ طنا.

What is the distinguishing feature of the bulldozer?

ما هي مميزات هذه الجرافة ؟

The bulldozer can be handed easily.

الجرافة تمتاز بسهولة الاستعمال.

Have you got the one which has an output of 150 horsepower?

هل لديك جرافة سعتها ١٥٠ قوة حصان؟

We are in a position to accept a special order.

نحن في وضع يمكننا أن نقبل ذلك كطلب خاص.

Quotations   عروضات

Will you please let us have an idea of your price?

من فضلك هل نأخذ فكرة عن سعرك؟

This is our latest price list.

هذه هي قائمة أسعارنا الأخيرة.

Our price is highly competitive.

إن أسعارنا منافسة للغاية.

Can you tell me the price of these goods?

هل يمكنك أن تخبرني بأسعار هذه البضائع؟

Please give us an idea of the quantity.

هل يمكن أن تعطيني فكرة عن الكمية المطلوبة؟

This size of our order depends on your price.

حجم طلبنا يعتمد على أسعاركم.

I think it's better for you to quote us your price first.

أظن من الأفضل لك أن تعطنا سعرك أولا.

I'd like to have your lowest quotation C.I.F. Aqaba port.

أريد آخر الأسعار "سيف" ميناء العقبة.

Would you please tell us the quantity you require?

هل لك أن تخبرنا عن الكمية المطلوبة؟

Can you give us an indication of your price?

هل يمكنك أن تعطنا لمحة عن أسعاركم؟

This price for this commodity is ……….per piece.

إن سعر هذه السعلة هو ......للقطعة.

Is this your C.I.F. quotation?

هل هذه تسعيرة الـ " سيف"؟

This is our F.O.B. quotation sheet.

هذه تسعيرتنا بـ " فوب".

Are the prices on the list a firm offer?

الأسعار التي في القائمة أهو عرض رسمي؟

All the prices are subject to our final confirmation.

جميع الأسعار خاضعة لموافقتنا النهائية .

Has there been any change in your price?

هل حدث أي تعديل في أسعاركم؟

The price for this commodity has changed.

إن سعر هذه السلعة قد تغير.

When can I have your firm offer?

متى يمكنني أن أحصل على العرض الأساسي؟

We can work out the offer this evening.

سنجهز العرض في هذا المساء.

How long does your offer remain valid?

كم مدة صلاحية عرضكم؟

Our offer will remain open for 3 days.

سيبقى عرضنا لمدة ٣ أيام.

If your price is favorable.

إذا كان سعركم جيدا.

We can book an order right away.

بإمكاننا عمل طلب في الحال.

We may reconsider our price.

ربما نعيد النظر في أسعارنا.

All these articles are our best selling line.

جميع هذه الأصناف هي أفضل مبيعاتنا.

These patterns are quite popular in the market.

هذه النماذج مرغوبة جدا في الأسواق.

Counter-proposal طلب تخفض السعر

It is difficult for us to sell the goods, as your price is so high.

إنه يصعب علينا أن نبيع البضاعة، حيث أن سعركم مرتفع جدا.

It would be very difficult for us to push any sales.

ستكون علينا صعوبة بالغة لتحقيق أي بيع.

Your price is higher than that of last year.

إن سعركم أعلى من سعر السنة الماضية.

The price has gone up since last year.

السعر ارتفع منذ العام الماضي.

The price has gone up a lot in the last few months.

السعر ارتفع كثيرا في الأشهر الأخيرة.

The price for this commodity is ………per pound.

إن سعر هذه البضاعة هو........ لكل رطل.

Our price is reasonable compared with the market.

إن سعرنا معقول بالمقارنة مع الأسواق.

Your price is higher than those we got.

سعركم أعلى من الأسعار التي وجدناها.

The Japanese quotation is lower.

إن العرض الياباني أقل من سعركم.

You should take quality into consideration.

يجب أن تأخذ جودة البضاعة بعين الاعتبار.

Taking the quality into consideration, I think the price is reasonable.

بما أننا نأخذ الجودة بعين الاعتبار ، فإنني أظن بأن السعر معقول.

Our products are high quality.

إن بضائعنا ذات جودة عالية.

Selling goods at low prices in big quantities.

بيع البضائع بسعر منخفض و بكميات كبيرة.

The goods of other brands cannot compare.

سلع الماركات الأخرى لا يمكن مقارنتها.

With respect to quality.

بالنسبة للجودة.

It is not an easy job for us to persuade the end-user.

إنه ليس عملا يسيرا أن نقنع المستهلك.

Our products can stand competition.

إن منتجاتنا تستطيع منافسة مثيلاتها.

I don't think the end-user would accept your price.

لا أظن أن المستهلك يقبل سعركم.

If it had not been for our good relationship, we wouldn't have made you a firm offer at this price.

لو لم تكن هناك علاقة جيدة فيما بيننا، لما كنا عرضنا عليكم هذا السعر.

In order to conclude the transaction, we may make some concessions.

لكي ننهي الصفقة، لعلنا نتنازل عن بعض الشيء.

Please tell us the quantity you require.

هل تستطيع أن تخبرنا الكمية المطلوبة.

So that we may adjust our price accordingly.

كي نعدل السعر بموجبها.

We are prepared to make a 2% reduction if your order is big enough.

لقد أعددنا لعمل خصما بـ ٢% إذا كان طلبكم كبيرا.

In order to conclude the transaction, I think you should reduce your price by at least 5%.

لكي تتم هذه الصفقة، أظن عليك أن تخصم ٥% على الأقل.

We can't do more than a 2% reduction.

لا نقدر منح خصم أكثر من ٢%.

In order to conclude the transaction, we accept your price.

لأجل إنهاء الصفقة، نوافق على سعركم.

What do you think of our price?

ما رأيك بسعرنا؟

I'm afraid your price is quite high.

أخشى أن يكون سعركم غال جدا.

The price of fuel is constantly going up.

سعر الوقود آخذ في الارتفاع.

I you take everything into consideration.

إذا أخذت كل شيء بعين الاعتبار.

Our quotation is lower than those you can get elsewhere.

إن عرضنا أقل من أي عرض آخر.

Our price is lower than that in the international market.

إن سعرنا أقل مما يعرض في السوق العالمي.

What is the appropriate price for this commodity?

ما هو السعر الملائم لهذه البضاعة؟

We think an appropriate price should be.......

السعر المناسب ينبغي أن يكون.........

I'm afraid we can't accept your counter bid.

أخشى أن لا نوافقك على طلبك في السعر.

Our counter-offer is in line with the price in the international market.

إن سعرنا هو في نفس اتجاه سعر السوق العالمي.

You know the market price for this commodity very well.

إنك تعرف جيدا سعر السوق لهذه السلعة.

The supply of this commodity exceeds the demand.

إن عرض هذه السعلة أكثر من الطلب.

الأفعال الشاذة

Irregular Verbs

No.	Infinitive فعل مجرد	Second form (Past simple)	Third form (Past Participle)	Meaning المعنى
1	be	was/were	been	يكون
2	become	became	become	يصبح
3	begin	began	begun	يبدأ
4	break	broke	broken	يكسر
5	bring	brought	brought	يحضر، يجلب
6	build	built	built	يبني
7	burn	burnt, burned	burnt, burned	يحرق
8	burst	burst	burst	ينفجر
9	buy	bought	bought	يشتري
10	catch	caught	caught	يلتقط، يتناول
11	choose	chose	chosen	يختار
12	come	came	come	يأتي

316

13	cost	cost	cost	يكلف
14	cut	cut	cut	يقطع، يجرح
15	dig	dug	dug	يحفر
16	do	did	done	يقوم بـ يؤدي
17	draw	drew	drawn	يسحب، يرسم
18	dream	dreamt/dreamed	dreamt/dreamed	يحلم
19	drink	drank	drunk	يشرب
20	drive	drove	driven	يقود
21	eat	ate	eaten	يأكل
22	fall	fell	fallen	يقع، يسقط
23	feed	fed	fed	يطعم
24	feel	felt	felt	يشعر
25	fight	fought	fought	يقاتل
26	find	found	found	يجد
27	fly	flew	flown	يطير
28	forget	forgot	forgotten	ينسى
29	forgive	forgave	forgiven	يسامح

30	get	got	got	يحصل على، ينال
31	give	gave	given	يعطي
32	go	went	gone	يذهب
33	grow	grew	grown	يزرع، ينمو
34	hang	hanged/hung	hanged/hung	يشنق، يعلق
35	have	had	had	يحصل على، يقتني
36	hear	heard	heard	يستمع، يصغي
37	hide	hid	hidden	يخفي، يحجب
38	hit	hit	hit	يضرب
39	hold	held	held	يبقي، يديم، يحجز
40	hurt	hurt	hurt	يؤذي، يؤلم
41	keep	kept	kept	يبقي،يحفظ
42	know	knew	known	يعرف
43	lay	laid	laid	يضع، يستلقي
44	lead	led	led	يقود، يترأس
45	learn	learned/learnt	learned/learnt	يتعلم
46	leave	left	left	يتخلى عن، يترك

47	lend	lent	lent	يقرض
48	let	let	let	يسمح
49	lie	lay	lain	يضع، يحط، يغرس
50	light	lit	lit	يشعل
51	lose	lost	lost	يفقد
52	make	made	made	يصنع، يقوم بـ
53	mean	meant	meant	يعني
54	meet	met	met	يقابل
55	pay	paid	paid	يدفع
56	put	put	put	يضع
57	read	read	read	يقرأ
58	ride	rode	ridden	يركب، يمتطي
59	ring	rang	rung	يرن
60	run	ran	run	يركض
61	say	said	said	يقول
62	see	saw	seen	يرى
63	sell	sold	sold	يبيع

64	send	sent	sent	يرسل
65	set	set	set	يهيأ، يضبط
66	shine	shone	shone	يشرق
67	show	showed	shown	يعرض،يظهر
68	shut	shut	shut	يغلق
69	sing	sang	sung	يغني
70	sink	sank	sunk	يغرق
71	sit	sat	sat	يجلس
72	sleep	slept	slept	ينام
73	smell	smelt	smelt	يشم
74	speak	spoke	spoken	يتحدث
75	spend	spent	spent	ينفق
76	spill	spilt	spilt	يسكب، يصب
77	stand	stood	stood	يقف
78	steal	stole	stolen	يسرق
79	swim	swam	swum	يسبح
80	take	took	taken	يأخذ

81	teach	taught	taught	يدرس
82	tear	tore	torn	يمزق، يشق
83	tell	told	told	يخبر
84	think	thought	thought	يفكر
85	throw	threw	thrown	يرمي، يلقي
86	understand	understood	understood	يفهم
87	wake	woke	woken	يسهر، ينبه، يوقظ
88	wear	wore	worn	يلبس
89	win	won	won	يكسب، يربح
90	write	wrote	written	يكتب

Printed in the United States
by Bookmasters

Printed in the United States
By Bookmasters